WILFRIED J. BANK

Zwangsvollstreckung gegen Behörden

Schriften zum Prozessrecht

Band 77

Zwangsvollstreckung gegen Behörden

Die Handhabung der zivilprozessualen Vollstreckungsnormen
bei der Zwangsvollstreckung aus allgemeinen Leistungsurteilen
gegen Verwaltungsträger

Von

Dr. Wilfried J. Bank

DUNCKER & HUMBLOT / BERLIN

Alle Rechte vorbehalten
© 1982 Duncker & Humblot, Berlin 41
Gedruckt 1982 bei Buchdruckerei Bruno Luck, Berlin 65
Printed in Germany
ISBN 3 428 05260 9

Vorwort

Am 19. 3. 1982 hat die Bundesregierung den Entwurf einer Verwaltungsprozeßordnung in den Bundesrat eingebracht (BRDruckS 100/82). Durch den Gesetzesentwurf sollen die Verwaltungsgerichtsordnung, die Finanzgerichtsordnung und das Sozialgerichtsgesetz durch ein Gesetz mit prozeßrechtlichen Vorschriften für die drei öffentlich-rechtlichen Gerichtszweige abgelöst werden.

Das für den Rechtsschutz des Bürgers wichtige Recht der Vollstreckung aus Urteilen der öffentlich-rechtlichen Gerichtsbarkeit wird in dem Entwurf der Verwaltungsprozeßordnung nur bruchstückhaft geregelt. Wie das geltende Recht enthält auch der Gesetzesentwurf der Bundesregierung die allgemeine Verweisung auf das Vollstreckungsrecht der Zivilprozeßordnung. Insoweit ist jedenfalls für das Vollstreckungsrecht das Ziel des Gesetzesentwurfes, das öffentlich-rechtliche Prozeßrecht zu vereinheitlichen und übersichtlicher zu gestalten, nicht erfüllt worden. Welche zivilprozessualen Vorschriften bei der Vollstreckung von Urteilen der öffentlich-rechtlichen Gerichtsbarkeit anwendbar sind und welche Besonderheiten bei der Handhabung dieser Vorschriften berücksichtigt werden müssen, bleibt auch nach dem Gesetzesentwurf der Bundesregierung vom 19. 3. 1982 offen. Dieser Frage wird für das geltende Recht in der vorliegenden Untersuchung nachgegangen. Die Antworten auf diese Frage können ohne weiteres auch auf die Vorschriften des Entwurfs einer Verwaltungsprozeßordnung übertragen werden.

Die vorliegende Schrift hat im Februar 1982 dem Fachbereich Rechtswissenschaft der Christian-Albrechts-Universität zu Kiel als Dissertation vorgelegen. Die Arbeit wurde durch Herrn Prof. Dr. von Mutius betreut. Für seine Unterstützung und Fürsorge möchte ich mich an dieser Stelle besonders bedanken. Herrn Ministerialrat a. D. Prof. Dr. Broermann danke ich für die Aufnahme in die „Schriften zum Prozeßrecht".

Kaarst-Vorst, im Oktober 1982

Wilfried J. Bank

Inhaltsverzeichnis

Einleitung 13

A. **Die allgemeine Leistungsklage — ein Rechtsschutzinstrument des Bürgers im Verwaltungsrechtsstreit** 17

    I. Klagearten in verwaltungsrechtlichen Streitigkeiten 19

    II. Der Anwendungsbereich der Feststellungsklage 22

        1. Verhältnis zur Anfechtungs- und Verpflichtungsklage 23

        2. Verhältnis zur allgemeinen Leistungsklage 23

    III. Der Anwendungsbereich der allgemeinen Leistungsklage 26

        1. Abgrenzung der allgemeinen Leistungsklage zur Anfechtungsklage 26

        2. Abgrenzung der allgemeinen Leistungsklage zur Verpflichtungsklage 31

    IV. Klagegegenstände der allgemeinen Leistungsklage 35

        1. Verwaltungs-Rechtshandlungen 37

        2. Tatsächliche Verwaltungshandlungen 37

        3. Dulden und Unterlassen 40

    V. Erscheinungsformen der allgemeinen Leistungsklage 44

        1. Klagen, gerichtet auf ein positives Tun eines Verwaltungsträgers 45

            a) Abwehrklagen des Bürgers gegen einen Verwaltungsträger 46

            b) Vornahmeklagen des Bürgers gegen einen Verwaltungsträger 51

                aa) Zahlungsklagen 51

                bb) Klagen auf Vornahme hoheitlicher Realakte und schlichter Verwaltungsäußerungen 52

                cc) Klagen auf Abgabe einer Willenserklärung 56

        2. Klagen, gerichtet auf ein Dulden oder Unterlassen eines Verwaltungsträgers 57

VI. Zusammenfassung und Zwischenergebnis 59

B. **Die Zwangsvollstreckung aus allgemeinen Leistungsurteilen gegen einen Verwaltungsträger** 62

    I. Die Zulässigkeit verwaltungsgerichtlicher Vollstreckungsmaßnahmen gegen Verwaltungsträger 62

        1. Die Bedenken gegen die Zulässigkeit von Zwangsvollstreckungsmaßnahmen gegen Verwaltungsträger 63

        2. Die Aussagen der VwGO zur Zwangsvollstreckung aus verwaltungsgerichtlichen Leistungsurteilen 66

    II. Zwangsvollstreckung aus Zahlungsurteilen 67

    III. Zwangsvollstreckung aus anderen allgemeinen Leistungsurteilen 70

        1. Die maßgeblichen Vollstreckungsnormen 72

            a) Die Unanwendbarkeit des § 170 VwGO 72

            b) Die Unanwendbarkeit des § 172 VwGO 73

                aa) Das Zwangsvollstreckungsverfahren des § 172 VwGO 73

                    aa1) Die Vollstreckungstitel 73

                    aa2) Der Ablauf des Verfahrens 75

                bb) Die Bedenken gegen eine analoge Anwendung des § 172 VwGO 77

            c) Die anwendbaren Vorschriften der ZPO 81

                aa) Die Unanwendbarkeit des § 887 ZPO 82

                bb) Die Unanwendbarkeit der §§ 883 ff. ZPO 83

                cc) Die teilweise Anwendbarkeit der §§ 888 ff. ZPO 88

                    cc1) Beschränkung der in §§ 888, 890 ZPO vorgesehenen Zwangsmittel 88

                    cc2) Das Verfahren der §§ 889, 892 ZPO 90

                    cc3) Das Verfahren des § 894 ZPO 90

        2. Die einzelnen Vollstreckungsfälle 91

            a) Zwangsvollstreckung aus Urteilen, gerichtet auf ein positives Tun eines Verwaltungsträgers 92

                aa) Zwangsvollstreckung wegen der Vornahme hoheitlicher Realakte 92

                bb) Zwangsvollstreckung wegen der Abgabe schlichter Verwaltungsäußerungen 93

                cc) Zwangsvollstreckung wegen der Abgabe rechtsgeschäftlicher Willenserklärungen 94

            b) Zwangsvollstreckung aus Duldungs- und Unterlassungsurteilen 94

	3. Die entsprechende Anwendung der zivilprozessualen Vollstreckungsnormen	96
	a) Das Zwangsvollstreckungsverfahren nach § 888 ZPO	97
	aa) Die Einleitung des Verfahrens	97
	bb) Die Beitreibung des Zwangsgeldes	98
	b) Das Zwangsvollstreckungsverfahren nach § 890 ZPO	105
	c) Das Zwangsvollstreckungsverfahren nach § 894 ZPO	108
IV.	Die Zwangsvollstreckung aus allgemeinen Leistungsurteilen de lege lata und de lege ferenda	108

C. Zusammenfassung und Ergebnis 112

Schrifttumsverzeichnis 114

Abkürzungsverzeichnis

AGVwGO	Gesetz zur Ausführung der Verwaltungsgerichtsordnung
AöR	Archiv des öffentlichen Rechts
Art.	Artikel
AS	Amtliche Sammlung
BauR	Baurecht
BayVBl.	Bayerische Verwaltungsblätter
BayVerfGH	Bayerische Verfassungsgerichtshof
BayVGH	Bayerischer Verwaltungsgerichtshof
BayVGHE	Entscheidungen des Bayerischen Verwaltungsgerichtshofs
BBauG	Bundesbaugesetz
BBG	Bundesbeamtengesetz
BFH	Bundesfinanzhof
BFHE	Entscheidungen des Bundesfinanzhofs
BGB	Bürgerliches Gesetzbuch
BGBl.	Bundesgesetzblatt
BGH	Bundesgerichtshof
BGHZ	Entscheidungen des Bundesgerichtshofs in Zivilsachen
BR-Drucks.	Bundesrat-Drucksachen
BRRG	Beamtenrechtsrahmengesetz
BSG	Bundessozialgericht
BSHG	Bundessozialhilfegesetz
BT-Drucks.	Bundestag-Drucksache
BVerfG	Bundesverfassungsgericht
BVerfGE	Entscheidungen des Bundesverfassungsgerichts
BVerwG	Bundesverwaltungsgericht
BVerwGE	Entscheidungen des Bundesverwaltungsgerichts
BVFG	Bundesvertriebenengesetz
DJT	Deutscher Juristentag
DÖV	Die öffentliche Verwaltung
DRiZ	Deutsche Richter-Zeitschrift
DVBl.	Deutsches Verwaltungsblatt
EGGVG	Einführungsgesetz zum Gerichtsverfassungsgesetz
EStG	Einkommensteuergesetz
EVwGO	Entwurf einer Verwaltungsgerichtsordnung
EVwPO	Entwurf einer Verwaltungsprozeßordnung
GastG	Gaststättengesetz
GastV	Gaststättenverordnung
GewArch.	Gewerbearchiv
GG	Grundgesetz für die Bundesrepublik Deutschland
GO	Gemeindeordnung
GS	Großer Senat
GVBl.	Gesetz- und Verordnungsblatt
GVG	Gerichtsverfassungsgesetz

Abkürzungsverzeichnis

GZS	Großer Senat in Zivilsachen
HRR VwR	Höchstrichterliche Rechtsprechung zum Verwaltungsrecht
JMinBl. NRW	Justiz- und Ministerialblatt für Nordrhein-Westfalen
JR	Juristische Rundschau
JuS	Juristische Schulung
JW	Juristische Wochenschrift
JZ	Juristenzeitung
KG	Kammergericht
KStZ	Kommunale Steuerzeitung
LAG	Lastenausgleichsgesetz
LBG	Landesbeamtengesetz
LG	Landgericht
LVG	Landesverwaltungsgericht
MDR	Monatsschrift für deutsches Recht
MRVO	Militärregierungsverordnung
NJW	Neue Juristische Wochenschrift
NW	Nordrhein-Westfalen
OBG	Ordnungsbehördengesetz für Nordrhein-Westfalen
OLG	Oberlandesgericht
OVG	Oberverwaltungsgericht
OVGE	Entscheidungen des Oberverwaltungsgerichts Münster und Lüneburg
RG	Reichsgericht
RGZ	Entscheidungen des Reichsgerichts in Zivilsachen
SKV	Staats- und Kommunalverwaltung
StBauFG	Städtebauförderungsgesetz
StHG	Staatshaftungsgesetz
VA	Verwaltungsakt
VerwArch.	Verwaltungsarchiv
VerwRspr.	Verwaltungsrechtsprechung
VG	Verwaltungsgericht
VGG	Verwaltungsgerichtsgesetz
VGH	Verwaltungsgerichtshof
VO	Verordnung
VVDStRL	Veröffentlichungen der Vereinigung der Deutschen Staatsrechtslehrer
VwGO	Verwaltungsgerichtsordnung
VwVfG	Verwaltungsverfahrensgesetz
VwVG	Verwaltungsvollstreckungsgesetz
WM	Wertpapiermitteilungen
WoBauG	Wohnbaugesetz
WohngeldG	Wohngeldgesetz
ZMR	Zeitschrift für Mietrecht
ZPO	Zivilprozeßordnung
ZZP	Zeitschrift für Zivilprozeß

Einleitung

Die Verwaltungsgerichtsbarkeit gewährt gemäß § 40 Abs. 1 Satz 1 VwGO Rechtsschutz in allen öffentlich-rechtlichen Streitigkeiten nichtverfassungsrechtlicher Art. In dieser Funktion kontrolliert sie die Gesetzmäßigkeit der Verwaltung. Bezogen auf das Verhältnis des Bürgers zur Exekutive ist es in immer stärkerem Umfang vorrangig die Aufgabe der Verwaltungsgerichtsbarkeit, die subjektiven individuellen Rechte des einzelnen zu schützen. In Erfüllung dieser Aufgabe bietet die Verwaltungsgerichtsbarkeit dem Bürger die Möglichkeit, seine Rechte gegenüber der Verwaltung durchzusetzen[1].

Der von der Verwaltungsgerichtsbarkeit gewährleistete Individualrechtsschutz konzentriert sich auf dem Gebiet der Eingriffsverwaltung auf die Abwehr belastender Verwaltungsmaßnahmen. Hierin bestand und besteht die klassische Funktion verwaltungsgerichtlichen Rechtsschutzes. Da sich jedoch in einem Sozialstaat das Verhältnis des Bürgers zum Staat in vielen Bereichen in immer größerem Umfang darin konkretisiert, daß der einzelne gegenüber der Exekutive Leistungsansprüche geltend macht[2], ist es in entsprechendem Umfang Aufgabe der Verwaltungsgerichtsbarkeit, Konfliktfälle auf dem Gebiet der Leistungsverwaltung zu lösen. In diesem Bereich ist es das Ziel des verwaltungsgerichtlichen Individual-Rechtsschutzes, dem Bürger die Realisierung seiner Leistungsansprüche gegenüber der Exekutive zu ermöglichen.

Dieser vergleichsweise jungen Aufgabenstellung des verwaltungsgerichtlichen Rechtsschutzes trägt die Verwaltungsgerichtsordnung zunächst dadurch Rechnung, daß sie dem Bürger mit der Leistungsklage das entsprechende Rechtsschutzinstrument zur Verfügung stellt. Die VwGO unterscheidet dabei zwischen der Verpflichtungsklage und der sogenannten allgemeinen Leistungsklage, deren prozessuale Statthaftigkeit im Gegensatz zur Verpflichtungsklage in den Bestimmungen der VwGO nur andeutungsweise angesprochen wird[3].

---

[1] Vgl. zu dieser unterschiedlichen Aufgabenstellung *Ule*, Prozeßrecht, § 1, Seite 3 ff.

[2] Vgl. zu der insoweit veränderten Aufgabenstellung der Verwaltung *Menger*, DÖV 1955, 587 (590).

[3] Vgl. z. B. §§ 43 Abs. 2, 111, 113 Abs. 3 VwGO. Vgl. hierzu auch *Redeker / von Oertzen*, § 42 Rdnr. 153.

Darüber hinaus hat der Gesetzgeber der VwGO aber auch erkannt, daß die Verwaltungsgerichtsbarkeit ihre Aufgabe, dem Bürger die Realisierung seiner Ansprüche gegen die Exekutive zu ermöglichen, nur unvollkommen erfüllen könnte, wenn der einzelne nicht die Möglichkeit hätte, einen verwaltungsgerichtlichen Leistungsbefehl auch gegen den Willen eines sich der Erfüllung eines solchen Urteils widersetzenden Trägers öffentlicher Verwaltung durchzusetzen. Durch die Vorschriften des 17. Abschnittes der VwGO wollte der Gesetzgeber auch in einem solchen Fall dem Bürger die Realisierung eines gerichtlich festgestellten Anspruches ermöglichen[4].

Die Vorschriften des 17. Abschnittes der VwGO enthalten jedoch keine umfassende Regelung für die Zwangsvollstreckung aus verwaltungsgerichtlichen Vollstreckungstiteln. So wird die Zwangsvollstreckung aus Urteilen, die einer allgemeinen Leistungsklage gegen einen Verwaltungsträger stattgeben[5], in § 170 VwGO nur für den Fall ausdrücklich geregelt, daß Gegenstand des Urteils ein Zahlungsanspruch gegen einen Verwaltungsträger ist[6]. Ob und wie allgemeine Leistungsurteile mit einem anderen Urteilsinhalt zugunsten eines Bürgers gegen einen Verwaltungsträger im Wege der Zwangsvollstreckung durchgesetzt werden können, wird im 17. Abschnitt der VwGO nicht ausdrücklich geregelt. Dieser Frage soll daher in der vorliegenden Untersuchung nachgegangen werden[7].

Wenn man davon ausgeht, daß es für jeden Verwaltungsträger angesichts seiner in Art. 20 Abs. 3 GG ausgesprochenen Bindung an Recht und Gesetz selbstverständlich sein müßte, eine nach § 121 VwGO verbindliche Entscheidung eines Verwaltungsgerichts zu erfüllen[8], könnte man einwenden, der Fragestellung fehle der praktische Bezug. Erfahrungen in der Vergangenheit haben jedoch gezeigt, daß es im Einzelfall auch in einem Rechtsstaat erforderlich sein kann, ein verwaltungs-

---

[4] Vgl. die amtliche Begründung zu § 164 EVwGO, BTDrucks. III Nr. 55, Seite 48.

[5] Die einer allgemeinen Leistungsklage stattgebenden Urteile sollen im folgenden als allgemeine Leistungsurteile bezeichnet werden. Dies entspricht der Bezeichnung der einer Verpflichtungsklage stattgebenden Urteile als Verpflichtungsurteile.

[6] Demgegenüber wird die Zwangsvollstreckung aus allgemeinen Leistungsurteilen gegen eine Privatperson durch § 169 VwGO umfassend geregelt.

[7] Die Untersuchung beschränkt sich auf die Zwangsvollstreckung aus allgemeinen Leistungs*urteilen*. Die Frage der Zwangsvollstreckung aus *Vergleichen*, deren Statthaftigkeit streitig ist, wird ausgeklammert. Vgl. hierzu ausführlich *Kopp*, § 172, Rdnr. 2 m. w. N.; *Redeker / von Oertzen*, § 172, Rdnr. 3.

[8] Vgl. hierzu amtliche Begründung zu § 168 EVwGO, BT-Drucks. III Nr. 55, Seite 49. Vgl. auch *Bachof*, Verfassungsrecht, Band II Nr. 210, Seite 205; *Redeker / von Oertzen*, § 172, Rdnr. 1; OVG Münster vom 12. 12. 1973, NJW 1974, 917.

gerichtliches Leistungsurteil zwangsweise gegen einen Träger öffentlicher Verwaltung durchzusetzen[9]. Insofern kommt der Frage, ob und wie aus allgemeinen Leistungsurteilen gegen die Exekutive vollstreckt werden kann, auch praktische Bedeutung zu.

Diese Frage kann im Hinblick auf die Vielfalt der Erscheinungsformen des Verwaltungshandelns nur dann umfassend beantwortet werden, wenn feststeht, welche Verwaltungshandlungen als mögliche Gegenstände einer allgemeinen Leistungsklage eines Bürgers gegen einen Verwaltungsträger und damit eines entsprechenden allgemeinen Leistungsurteils in Betracht kommen. Diese notwendige Vorfrage ist im ersten Teil der Untersuchung zu klären. Hierbei wird die Frage, ob auch Rechtsnormen Gegenstand einer allgemeinen Leistungsklage gegen einen Verwaltungsträger sein können, ausgeklammert. Die mit der sogenannten Normenleistungsklage[10] verbundenen prozessualen und materiell-rechtlichen Probleme sind bereits Gegenstand ausführlicher Untersuchungen gewesen, auf die hier verwiesen werden kann[11].

Zur Unterscheidung der möglichen Vollstreckungsfälle wird es ferner erforderlich sein, die verschiedenen Erscheinungsformen einer allgemeinen Leistungsklage gegen einen Verwaltungsträger und damit auch entsprechender allgemeiner Leistungsurteile zu systematisieren. Dabei wird sich die Darstellung einzelner Konfliktfälle, die einer allgemeinen Leistungsklage eines Bürgers gegen einen Verwaltungsträger zugrunde liegen können, darauf beschränken, inwieweit hier eine allgemeine Leistungsklage an sich statthaft ist.

Im vollstreckungsrechtlichen Teil der Untersuchung werden für die verschiedenen Erscheinungsformen allgemeiner Leistungsurteile gegen Verwaltungsträger die entsprechenden Zwangsvollstreckungsverfahren zu entwickeln sein. Dabei wird das Hauptaugenmerk darauf zu richten sein, ob allgemeine Leistungsurteile, die ein Bürger gegen einen Verwaltungsträger erstritten hat, nach den vollstreckungsrechtlichen Vorschriften der VwGO oder unter Anwendung der Vorschriften der ZPO

---

[9] Vgl. hierzu *Bachof*, Klage, Seite 150; *Bettermann*, DVBl. 1969, 121; *Eyermann / Fröhler*, § 172, Rdnr. 1; *von Mutius*, VerwArch. 63, 229, 232; *Scherer*, Seite 4 f.; *Ule*, Schriftenreihe Speyer, Seite 40 ff.; OVG Hamburg vom 27. 9. 1977, NJW 1978, 658; OVG Lüneburg vom 17. 3. 1967, DVBl. 1969, 119; VGH Mannheim vom 10. 5. 1973, NJW 1973, 1518; VGH Mannheim vom 25. 3. 1976, DÖV 1976, 606; VGH Mannheim vom 12. 5. 1976, DVBl. 1977, 211; OVG Münster vom 13. 12. 1973, NJW 1974, 917; VG Köln vom 5. 7. 1968, DVBl. 1968, 712.

[10] Vgl. hierzu *Menger*, VerwArch. 63, 81 (86); *Obermayer*, DVBl. 1965, 625 (632); ders., Schriftenreihe Speyer, Seite 142 ff.; *Redeker / von Oertzen*, § 42, Rdnr. 159; BVerwG vom 8. 9. 1972, DVBl. 1973, 34; BayVGH vom 15. 3. 1978, DÖV 1978, 928; OVG Münster vom 7. 9. 1973, NJW 1974, 253; VGH Mannheim vom 12. 11. 1979, NJW 1980, 1811.

[11] Vgl. *von Barby*, Seite 7 ff.

vollstreckt werden, und wie sich die besondere Stellung eines Verwaltungsträgers als Vollstreckungsschuldner auf das jeweilige Zwangsvollstreckungsverfahren auswirkt. Fragen der vorläufigen Vollstreckbarkeit, die bereits im Zusammenhang dargestellt worden sind[12], werden dabei ausgeklammert.

Abschließend wird zu überlegen sein, ob es angebracht ist, das Zwangsvollstreckungsverfahren bei allgemeinen Leistungsurteilen und Verpflichtungsurteilen zu vereinheitlichen[12a].

---

[12] Vgl. *Just*, Seite 20 ff.

[12a] In der vorliegenden Untersuchung wird von der Geltung der Vorschriften des Staatshaftungsgesetzes vom 26. Juni 1981 (BGBl. I S. 553) ausgegangen und insbesondere die durch § 21 StHG erfolgte Änderung des § 113 VwGO zugrundegelegt. Die erst während der Drucklegung durch das Bundesverfassungsgericht festgestellte Nichtigkeit des Staatshaftungsgesetzes vom 26. Juni 1981 (BGBl. I S. 553) konnte nicht mehr berücksichtigt werden.

A. Die allgemeine Leistungsklage — ein Rechtsschutzinstrument des Bürgers im Verwaltungsrechtsstreit

Jeder Bürger kann nach Art. 19 Abs. 4 GG Rechtsschutz gegenüber allen Maßnahmen der öffentlichen Gewalt beanspruchen, die seine Rechtssphäre tangieren. Dieses „formelle Hauptgrundrecht"[13] garantiert dem einzelnen umfassenden Rechtsschutz gegenüber allen Formen des Verwaltungshandelns. Die Verwaltungsgerichtsordnung vom 21. Januar 1960[14] hat in § 40 Abs. 1 Satz 1 diese Garantie des Art. 19 Abs. 4 GG für den Bereich der allgemeinen Verwaltungsgerichtsbarkeit verwirklicht. Denn die verwaltungsgerichtliche Generalklausel macht, wie auch Art. 19 Abs. 4 GG, das „Ob" des Verwaltungsrechtsschutzes nicht davon abhängig, daß sich die jeweilige Streitigkeit zwischen dem Bürger und der Exekutive auf einen Verwaltungsakt bezieht. Für die Eröffnung des verwaltungsgerichtlichen Rechtsweges ist allein entscheidend, daß die zu beurteilende Streitigkeit öffentlich-rechtlicher Art ist. Der begrifflichen Einordnung einer vom Bürger angegriffenen oder begehrten Verwaltungsmaßnahme kommt insoweit keine Bedeutung zu[15].

Hierdurch unterscheidet sich die VwGO von den früheren verwaltungsgerichtlichen Verfahrensordnungen der Länder vor dem 2. Weltkrieg, die entweder den Verwaltungsrechtsweg nur enumerativ für bestimmte Streitigkeiten eröffneten, oder aber den verwaltungsgerichtlichen Rechtsschutz allgemein auf Verwaltungsakte beschränkten[16]. Eine Ausnahme bildeten nur die Verwaltungsprozeßgesetze für Hamburg und Bremen, die bereits eine mit § 40 VwGO vergleichbare Gene-

---

[13] *Klein*, VVDStRL 8, 67 (85, 123); vgl. hierzu auch *Maunz / Dürig*, Art. 19 Abs. 4, Rdnr. 2.

[14] BGBl. I, Seite 17.

[15] Vgl. hierzu *Erichsen / Martens*, § 11, Seite 139; *Frotscher*, DÖV 1971, 259; *Maunz / Dürig*, Art. 19, Rdnr. 10; *Menger*, HRR VwR 1977, D 7, C 3, F 6, Seite 2; *Mörtel*, Wandlungen, Seite 137 (141); *Müller-Volbehr*, DVBl. 1976, 57; *von Mutius*, HRR VwR 1975, F 8, Seite 3; *ders.*, Festschrift Wolff, Seite 170; *Redeker / von Oertzen*, § 42, Rdnr. 33, § 40, Rdnr. 7; *Renck*, BayVBl. 1973, 365; *Rupp*, AÖR 85, 149 (153); *Stern*, Probleme, Seite 10 f.; BVerwG vom 9. 11. 1967, DVBl. 1968, 640; BVerwG vom 28. 10. 1970, DVBl. 1971, 406; BVerwG vom 22. 5. 1980, NJW 1981, 67; BVerwG vom 12. 2. 1981, DVBl. 1981, 495; OVG Münster vom 15. 11. 1974, DÖV 1975, 358.

[16] Vgl. z. B. § 50 des Gesetzes über die allgemeine Landesverwaltung in Preußen vom 30. 7. 1883 (GS, Seite 195). Vgl. auch die weiteren Nachweise bei *Fleiner*, § 16, Seite 225 f.; *Genzmer*, Seite 511 f.; *Holland*, Klage, Seite 3 f.; *Jellinek*, § 13, Seite 313 f.

ralklausel für die Gewährung verwaltungsgerichtlichen Rechtsschutzes enthielten[17]. Obwohl die in den ehemaligen westlichen Besatzungszonen bis zum Inkrafttreten der VwGO geltenden Verfahrensgesetze der Nachkriegszeit[18] den Verwaltungsrechtsweg grundsätzlich nicht nur in Streitigkeiten, die sich auf die Aufhebung oder den Erlaß eines Verwaltungsaktes bezogen — den sogenannten Anfechtungssachen —, sondern auch in „anderen Streitigkeiten des öffentlichen Rechts"[19] bzw. „Parteistreitigkeiten"[20] eröffneten[21], gingen diese Verfahrensgesetze in ihrer Systematik eindeutig von einem Vorrang der Anfechtungssachen[22] aus. Dies hatte zur Folge, daß die Gewährung verwaltungsgerichtlichen Rechtsschutzes trotz der umfassenden Rechtsschutzgarantie des Art. 19 Abs. 4 GG im wesentlichen vom Vorliegen eines Verwaltungsaktes abhängig gemacht wurde[23]. Damit kam dem Begriff des Verwaltungsaktes entscheidende Bedeutung für die Gewährung verwaltungsgerichtlichen Rechtsschutzes zu. Erfüllte eine Verwaltungsmaßnahme, deren Aufhebung oder Vornahme der Bürger begehrte, nicht die Voraussetzungen eines Verwaltungsaktes, so bestand die Tendenz, verwaltungsgerichtlichen Rechtsschutz überhaupt zu versagen[24]. Um dennoch einen möglichst umfassenden Verwaltungsrechtsschutz zu gewährleisten, bestand die Gegentendenz, den Begriff des Verwal-

---

[17] Vgl. § 9 des Gesetzes über die Verwaltungsgerichtsbarkeit für die Hansestadt Hamburg vom 2. 11. 1921 (GVBl., Seite 585) sowie § 8 des Gesetzes über die Verwaltungsgerichtsbarkeit für die Hansestadt Bremen vom 6. 1. 1924 (GBl., Seite 23).

[18] In der britischen Zone galt die Militärregierungsverordnung Nr. 165 (MRVO 165), in der amerikanischen Zone das Gesetz über die Verwaltungsgerichtsbarkeit (VGG), im Gebiet des Landes Rheinland-Pfalz richtete sich das Verfahren nach dem Gesetz über die Verwaltungsgerichtsbarkeit (VGG Rhld-Pfalz). Vgl. zu den Einzelheiten dieser uterschiedlichen Verfahrensordnungen *Holland*, Klage, Seite 6 ff.; *Ule*, Prozeßrecht, Seite 28 f.

[19] So § 22 Abs. 1 MRVO 165; vgl. hierzu *Rehmert*, DÖV 1958, 251; *Zschacke*, NJW 1956, 729 (730); BVerwG vom 19. 12. 1956, DÖV 1957, 345; OVG Münster vom 17. 2. 1959, DVBl. 1959, 597; OVG Münster vom 22. 2. 1961, DÖV 1961, 469.

[20] So §§ 22, 85 f. VGG. Vgl. hierzu *Hegel*, DÖV 1965, 413 (414).

[21] Vgl. zu diesen Generalklauseln *Holland*, Klage, Seite 6 ff.; *Schäfer*, DVBl. 1960, 837; *Stern*, BayVBl. 1957, 44.

[22] Vgl. hierzu *Bachof*, Tendenzen, Seite 8; *Naumann*, Streitigkeiten, Seite 365 (371); *Selmer*, DÖV 1968, 342 (344).

[23] Vgl. *Bachof*, VA, Seite 285; *ders.*, Verfassungsrecht, Band I Nr. 52 ff., Seite 56 ff., Band II Nr. 232, Seite 219 ff. Vgl. hierzu die berechtigte Kritik von *Stern*, BayVBl. 1957, 45 sowie NJW 1958, 684. Vgl. auch *Kellner*, MDR 1968, 965; *Müller-Volbehr*, DVBl. 1976, 57 ff.; *Renck*, JuS 1965, 129 (131); *ders.*, BayVBl. 1973, 365.

[24] Vgl. z. B. BVerwG vom 18. 10. 1956, DÖV 1957, 262. BVerwG vom 20. 3. 1962, NJW 1962, 1313; OVG Hamburg vom 29. 5. 1958, DÖV 1959, 266; VGH Kassel vom 17. 1. 1958, DÖV 1958, 785 (786); OVG Koblenz vom 18. 12. 1953, DVBl. 1954, 579. Vgl. auch die Gegenüberstellung bei BVerwG vom 22. 5. 1980, NJW 1981, 67, 68.

tungsaktes weit auszulegen[25]. Der Verwaltungsakt wurde als „Zweckschöpfung der Verwaltungsrechtswissenschaft" angesehen, für dessen „Zweckbestimmung das Rechtsschutzbedürfnis des Bürgers wesentlich" sei[26].

Diesen Tendenzen hat der Gesetzgeber der VwGO durch § 40 Abs. 1 Satz 1 VwGO eine Absage erteilt. Die Gewährung verwaltungsgerichtlichen Rechtsschutzes kann nicht mehr damit verneint werden, die im Streit befindliche Verwaltungsmaßnahme sei kein Verwaltungsakt[27]. Dadurch haben der Verwaltungsakt sowie seine Abgrenzung von anderen Formen des Verwaltungshandelns die frühere Bedeutung für das „Ob" des Verwaltungsrechtsschutzes verloren. Dies besagt jedoch nicht, daß die rechtliche Einordnung einer im Streit befindlichen Verwaltungsmaßnahme für den öffentlich-rechtlichen Rechtsschutz ohne jegliche Bedeutung ist[28]. Denn die Form der jeweiligen Verwaltungshandlung ist nach dem Klagesystem der VwGO bestimmend für das „Wie" des Rechtsschutzes[29].

I. Klagearten in verwaltungsrechtlichen Streitigkeiten

Die Gerichte der allgemeinen Verwaltungsgerichtsbarkeit gewähren wie die Zivilgerichte Rechtsschutz durch bestimmte Rechtsschutzfor-

---

[25] Vgl. hierzu *Bachof*, Tendenzen, Seite 3 ff.; *Bräutigam*, DÖV 1960, 364 (366); *Erichsen*, VerwR, Seite 35; *Hegel*, Unterbringung, Seite 92; *Holland*, Klage, Seite 10; *Menger*, HRR VwR 1977, D 7 C 3 F 6 Seite 3 f.; *Mörtel*, Wandlungen, Seite 150; *Rupp*, AÖR, 85, 301 (302); *Selmer*, DÖV 1968, 342 (344); *Tietgen*, DVBl. 1960, 261 (265).

[26] So BVerwG vom 3. 5. 1956, BVerwGE 3, 285. Vgl. hierzu auch BVerwG vom 20. 3. 1964, DVBl. 1964, 669 (670); BVerwG vom 28. 11. 1969 NJW 1970, 1989; *Erichsen / Martens*, § 11 I, Seite 149 f.; *König*, BayVBl. 1971, 46; *Müller-Volbehr*, DVBl. 1976, 57, 58; *Redeker / von Oertzen*, § 42, Rdnr. 33; *Renck*, JuS 1970, 113 (118); ders., BayVBl. 1973, 356.

[27] Vgl. *Czermak*, NJW 1962, 833; *Erichsen / Martens*, § 11 I, Seite 50; *Frotscher*, DÖV 1971, 259; *Hegel*, DÖV 1965, 416; *Menger*, HRR VwR 1977, D 7 C 3 F 6, Seite 3; *Mörtel*, Wandlungen, Seite 140; *Paetzold*, DVBl. 1974, 454 (456); *Renck*, BayVBl. 1973, 365; *Rupp*, AÖR, 85, 303; *Stern*, Probleme, Seite 10 f.; *Ule*, Prozeßrecht, § 5, Seite 32; *Zimmermann*, VerwArch. 62, 48 (55).
Vgl. auch BVerwG vom 18. 6. 1964, BVerwGE 19, 19 (20); BVerwG vom 9. 11. 1967, DVBl. 1968, 646; BVerwG vom 8. 7. 1970, DVBl. 1971, 578; BVerwG vom 28. 10. 1970, DVBl. 1971, 406; BVerwG vom 22. 5. 1980, NJW 1981, 67; BVerwG vom 12. 2. 1981, DVBl. 1981, 495; VGH Mannheim vom 19. 11. 1974, DVBl. 1975, 438; OVG Münster vom 15. 11. 1974, DÖV 1975, 358. Anders noch BVerwG vom 23. 11. 1969, DÖV 1970, 570; VGH Kassel vom 19. 7. 1961, NJW 1962, 832; BayVGH vom 29. 10. 1964, DÖV 1964, 849; VG Braunschweig vom 13. 6. 1968, DVBl. 1969, 83; VG Karlsruhe vom 15. 12. 1964, NJW 1965, 1452; VG Wiesbaden vom 20. 6. 1963, NJW 1963, 2140.

[28] So aber *Schweickhardt*, DÖV 1965, 795. Hiergegen *Martens*, DÖV 1970, 477; *Renck*, BayVBl. 1973, 365; *Tschira / Schmitt-Glaeser*, Seite 85; *Wolff*, § 173, Seite 411.

[29] Vgl. hierzu *von Mutius*, Festschrift Wolff, Seite 167, 170, 181 ff.

20 A. Die allgemeine Leistungsklage im Verwaltungsrechtsstreit

men, nämlich durch Gestaltungs-, Leistungs- und Feststellungsklagen[30]. Diese Ähnlichkeit in den Grundtypen der Rechtsschutzformen ist darauf zurückzuführen, daß die Verwaltungsrechtspflege in ihren Ursprüngen der ordentlichen Rechtspflege nachgebildet worden ist[31].

Die für den Verwaltungsrechtsschutz des Bürgers bedeutendste Form der Gestaltungsklage ist die Anfechtungsklage[32]. Sie ist gemäß § 42 Abs. 1 VwGO auf die Aufhebung eines Verwaltungsaktes gerichtet.

Bei den Leistungsklagen unterscheidet die VwGO zwischen der Verpflichtungsklage, die gemäß § 42 Abs. 1 VwGO auf den Erlaß eines Verwaltungsaktes gerichtet ist, und der allgemeinen Leistungsklage. Im Gegensatz zur Verpflichtungsklage wird das Verfahren der allgemeinen Leistungsklage in der VwGO nicht ausdrücklich geregelt. Ihre prozessuale Statthaftigkeit ergibt sich jedoch bereits aus ihrer Erwähnung an verschiedenen Stellen der VwGO[33].

Wie im Zivilprozeß ist die Feststellungsklage gegenüber den vorgenannten Klagearten gemäß § 43 Abs. 2 VwGO subsidiär. Auf diese Klageform kann daher grundsätzlich erst zurückgegriffen werden, wenn der Bürger seine Rechte nicht durch eine Gestaltungs- oder Leistungsklage verfolgen kann bzw. hätte verfolgen können, oder wenn ein effektiver Rechtsschutz durch eine andere Klageart nicht in gleichem Umfang zu verwirklichen ist[34].

Eine Unterform der Feststellungsklage ist die Normenkontrollklage[35], mit der der Bürger nach § 47 VwGO die Rechtmäßigkeit von Satzungen, die aufgrund der Vorschriften des BBauG und des StBauFG erlassen worden sind[36], und — soweit dies landesgesetzlich vorgesehen ist — die Gültigkeit von Rechtsvorschriften überprüfen lassen kann, die im Range unter einem Landesgesetz stehen[37].

---

[30] a. A. *Martens*, DÖV 1970, 476 ff., wonach alle verwaltungsgerichtlichen Klageformen letztlich Erscheinungsformen der Feststellungsklage sein sollen. Hiergegen mit Recht *Buri*, DÖV 1970, 689; *Redeker / von Oertzen*, § 42, Rdnr. 2.

[31] Vgl. *Fleiner*, § 16, Seite 262; *Jellinek*, § 13, Seite 299; *Mayer*, § 13, Seite 135.

[32] Die daneben zulässigen prozessualen Gestaltungsklagen sind demgegenüber nur von untergeordneter Bedeutung. Vgl. hierzu *Stern*, Probleme, Seite 71.

[33] Vgl. §§ 43 Abs. 2, 111, 113 Abs. 3, 169 Abs. 2, 170, 191 Abs. 1 VwGO. Vgl. hierzu *Holland*, Klage, Seite 24 f.; OVG Münster vom 22. 2. 1961, DÖV 1961, 469.

[34] Vgl. hierzu *Redeker / von Oertzen*, § 43, Rdnr. 24 ff.; BVerwG vom 18. 7. 1969, BVerwGE 32, 333 (335).

[35] So die h. M. Vgl. *Ule*, Prozeßrecht, § 32, Seite 132; *Redeker / von Oertzen*, § 43, Rdnr. 1.

[36] Vgl. zu dieser Neufassung *Redeker / von Oertzen*, § 47, Rdnr. 2; *Stern*, Probleme, Seite 78.

[37] Vgl. hierzu *Kopp*, § 47, Rdnr. 12; *Stern*, Probleme, Seite 78 ff.

I. Klagearten in verwaltungsrechtlichen Streitigkeiten

Umstritten ist, ob die VwGO darüber hinaus die Entwicklung weiterer eigenständiger Klagearten zuläßt[38]. Dieser Streit entzündete sich insbesondere an der Frage, mit welcher Klageart die sogenannte Kommunalverfassungsstreitigkeit[39] auszutragen ist[40]. Es wird u. a. die Ansicht vertreten, ein solcher Rechtsstreit sei mit keiner der vorerwähnten Klagearten durchzuführen, sondern mit einer Klage sui generis, die jedoch Ähnlichkeiten mit der Feststellungsklage aufweise[41].

Gegen die Richtigkeit dieser Auffassung bestehen jedoch Bedenken. Die VwGO enthält eine umfassende Regelung des verwaltungsgerichtlichen Verfahrens. Soweit ausdrückliche Regelungen fehlen, verweist sie an verschiedenen Stellen auf die Vorschriften der ZPO[42] sowie des GVG[43]. Mit den dargestellten Klagearten und den in §§ 80, 123 VwGO geregelten vorläufigen Rechtsschutzmitteln hat die VwGO einen abschließenden Katalog der im Verwaltungsrechtsstreit zulässigen Rechtsschutzformen aufgestellt[44]. Dieser in sich geschlossene Katalog kann weder durch Landesgesetz noch durch die Rechtsprechung, sondern nur durch den Bundesgesetzgeber erweitert werden. Zwar eröffnet § 40 Abs. 1 Satz 1 VwGO den Rechtsweg ohne Einschränkung für alle verwaltungsrechtlichen Streitigkeiten. Dies bedeutet jedoch nicht, daß verwaltungsgerichtlicher Rechtsschutz auch außerhalb der in der VwGO vorgesehenen Klagearten gewährt wird. Da der Bürger seinen durch § 40 VwGO gewährleisteten Rechtsschutzanspruch mit den herkömmlichen Klagearten realisieren kann, besteht aus prozessualer Sicht kein

---

[38] Vgl. hierzu *Bettermann*, NJW 1967, 435; *Kiock*, Seite 82 ff.; *Stern*, Probleme, Seite 83 ff.; *Tschira / Schmitt-Glaeser*, Seite 240 f.; BVerfG vom 11. 10. 1966, NJW 1967, 435; OVG Münster vom 2. 2. 1972, OVGE 27, 258.

[39] Zum Begriff vgl. *Bleutge*, Seite 24 f.; *Heinrichs*, DVBl. 1959, 548; *Krebs*, HRR VwR 1977, F 5—7, D 4; VGH Kassel vom 7. 6. 1977, DVBl. 1977, 821.

[40] Vgl. hierzu *Hoppe*, Organstreitigkeiten, Seite 119 ff.; *Kiock*, Seite 75 ff.; *Renck / Lauffke*, BayVBl. 1971, 17; BayVGH vom 25. 2. 1970, BayVBl. 1970, 222; OVG Berlin vom 23. 1. 1975, DÖV 1975, 571; VGH Kassel vom 19. 7. 1961, NJW 1962, 832; OVG Koblenz vom 8. 3. 1965, AS 9, 335; OVG Lüneburg vom 1. 9. 1950, OVGE 2, 225; OVG Münster vom 2. 2. 1972, OVGE 27, 258.

[41] So *Stern*, Probleme, Seite 83; *Tschira / Schmitt-Glaeser*, Seite 241; OVG Lüneburg vom 11. 10. 1960, DÖV 1961, 548; OVG Münster vom 2. 2. 1972, OVGE 27, 258; OVG Münster vom 8. 3. 1973, DVBl. 1973, 646. Ähnlich *Ule*, Prozeßrecht, § 32, Seite 131; a. A. *Hoppe*, Organstreitigkeiten, Seite 171 ff.; ders., DVBl. 1970, 845 ff.; *Kiock*, Seite 114; *Kopp*, § 43, Rdnr. 10; *Obermayer*, Prozeßrecht, Seite 359 f.; *Redeker / von Oerzten*, § 43, Rdnr. 12; *Renck / Lauffke*, BayVBl. 1971, 17; BayVGH vom 25. 2. 1970, BayVBl. 1970, 222; OVG Koblenz vom 8. 3. 1965, AS 9, 335.

[42] Vgl. etwa §§ 54 Abs. 1, 57 Abs. 2, 62 Abs. 3, 64, 98, 167 Abs. 1 Satz 1, 173 VwGO.

[43] Vgl. etwa §§ 55, 173 VwGO.

[44] So insbesondere *Bettermann*, NJW 1967, 435; *Hoppe*, DVBl. 1970, 845; *Kopp*, vor § 40, Rdnr. 5, § 43, Rdnr. 10; *Stahl*, NJW 1972, 2030; BVerfG vom 11. 10. 1966, NJW 1967, 435.

Anlaß für die Entwicklung weiterer neuer Klagearten. Dies gilt auch für die Kommunalverfassungsstreitigkeiten und andere verwandte Erscheinungsformen von Organstreitigkeiten[45]. Auch diese öffentlich-rechtlichen Streitigkeiten sind mit den in der VwGO vorgesehenen Klagearten zu bewältigen[46].

II. Der Anwendungsbereich der Feststellungsklage

Der Anwendungsbereich der eingangs genannten Klagearten wird durch die VwGO teilweise nur unvollkommen gegeneinander abgegrenzt.

Während die Normenkontrollklage gemäß § 47 VwGO auf bestimmte Formen des Verwaltungshandelns beschränkt ist — nämlich auf Rechtsverordnungen von Landesbehörden und anderen Verwaltungsträgern des Landesrechts sowie auf Satzungen im Bereich des Landesrechts[1] —, kann Gegenstand einer allgemeinen Feststellungsklage jedes Rechtsverhältnis sein, das durch eine beliebige Form des Verwaltungshandelns begründet worden ist. Ausgenommen ist lediglich das unmittelbar durch eine Rechtsnorm begründete Rechtsverhältnis, das auch dann nicht Gegenstand einer Klage nach § 43 VwGO sein kann, wenn der jeweilige Landesgesetzgeber die Normenkontrolle nach § 47 VwGO nicht eingeführt hat[2]. Der Anwendungsbereich der Feststellungsklage

---

[45] Vgl. z. B. die Durchsetzung der Rechte von Minderheitsfraktionen, *Starck*, DVBl. 1979, 495, 497; *Redeker / von Oertzen*, § 43, Rdnr. 14. Vgl. zu den unterschiedlichen Erscheinungsformen von Organstreitigkeiten *Bethge*, DVBl. 1980, 309.

[46] So *Hoppe*, Organstreitigkeiten, Seite 127 ff.; *Kiock*, Seite 79, 114; *Krebs*, HRR VwR 1977, F 5—7, D 4, Seite 8; *Kopp*, § 43, Rdnr. 10; *Obermayer*, Prozeßrecht, Seite 359; *Schunck / De Clerck*, § 40, Anm. 2 a, cc; *Stahl*, NJW 1972, 2030; BayVGH vom 25. 2. 1970, BayVBl. 1970, 222; BayVGH vom 2. 7. 1976, BayVBl. 1977, 182; VGH Kassel vom 7. 6. 1977, DVBl. 1978, 821; OVG Koblenz vom 18. 3. 1965, AS 9, 335; OVG Koblenz vom 18. 4. 1966, AS 10, 55. Vgl. hierzu auch *Redeker / von Oertzen*, § 43, Rdnr. 12; BVerfG vom 11. 10. 1966, NJW 1967, 435 mit Anmerkung *Bettermann*; OVG Berlin vom 23. 1. 1975, DÖV 1975, 571.

[1] Vgl. zu den Klagegegenständen im einzelnen *Kopp*, § 47, Rdnr. 12; *Redeker / von Oertzen*, § 47, Rdnr. 10 f.; *Tschira / Schmitt-Glaeser*, Seite 245 ff. Streitig ist, ob auch Verwaltungsverordnungen Gegenstand einer Klage nach § 47 VwGO sein können. Vgl. zu dieser Frage *Redeker / von Oertzen*, § 47, Rdnr. 16; *Ossenbühl*, DVBl. 1969, 526; *Stern*, Probleme, Seite 80 m. w. N. Einen Sonderfall nimmt der BayVGH vom 15. 3. 1978, DÖV 1978, 928, an, der das Verkehrszeichen nicht als VA ansieht und deswegen Rechtsschutz gegen Verkehrszeichen nach § 47 VwGO oder mittels allgemeiner Leistungsklage zuläßt.

[2] So die h. M. Vgl. *Kopp*, § 43, Rdnr. 8; *Redeker / von Oertzen*, § 43, Rdnr. 6; *Stern*, Probleme, Seite 76; BVerwG vom 21. 3. 1974, DÖV 1974, 426; OVG Münster vom 5. 4. 1967, OVGE 23, 159. Kritisch hierzu *Renck*, JuS 1966, 273.

II. Der Anwendungsbereich der Feststellungsklage

wird lediglich durch die Vorschrift des § 43 Abs. 2 Satz 1 VwGO beschränkt, der gleichzeitig die Rechtsschutzfunktion dieser Klage von den anderen Grundformen verwaltungsgerichtlichen Rechtsschutzes abgrenzt.

1. Verhältnis zur Anfechtungs- und Verpflichtungsklage

Aus der Vorschrift des § 43 Abs. 2 Satz 1 VwGO läßt sich ableiten, daß Gegenstand einer Feststellungsklage grundsätzlich nicht die Feststellung der Rechtswidrigkeit eines Verwaltungsaktes[3] sein kann, denn die VwGO stellt zur Überprüfung der Rechtmäßigkeit von Verwaltungsakten dem Bürger in § 42 Abs. 1 die Anfechtungsklage zur Verfügung. Kann jedoch — wie etwa im Falle eines vor Klageerhebung erledigten Verwaltungsaktes — die Anfechtungsklage ihre Rechtsschutzfunktion aus tatsächlichen Gründen nicht sinnvoll erfüllen, so kann der Bürger analog § 113 Abs. 1 Satz 2 VwGO auf eine Feststellungsklage zurückgreifen[4].

Ferner ergibt sich aus § 43 Abs. 2 Satz 1 VwGO, daß der Bürger grundsätzlich mit einer Feststellungsklage keinen Urteilstenor des Inhalts erwirken kann, der Beklagte sei zum Erlaß eines Verwaltungsaktes verpflichtet. Insoweit ist die Verpflichtungsklage das vorrangige Rechtsschutzinstrument. Eine Feststellungsklage ist hier nur dann ausnahmsweise zulässig, wenn durch eine Verpflichtungsklage kein im gleichen Umfang effektiver Rechtsschutz zu erlangen ist[5].

2. Verhältnis zur allgemeinen Leistungsklage

Umstritten ist, ob die Vorschrift des § 43 Abs. 2 Satz 1 VwGO auch auf das Verhältnis der Feststellungsklage zur allgemeinen Leistungsklage Anwendung findet[6].

---

[3] Eine Ausnahme sieht § 43 Abs. 2 Satz 2 VwGO für den Fall der Nichtigkeit eines VA'es vor.
[4] Vgl. hierzu *Menger*, VerwArch. 59, 180 ff.; *Redeker / von Oertzen*, § 113, Rdnr. 17; *Stern*, Probleme, Seite 77 f.; *Ule*, Prozeßrecht, § 45, Seite 211 f.; BVerwG vom 9. 2. 1967, BVerwGE 26, 161 (165 f.); BVerwG vom 28. 4. 1967, NJW 1967, 1819; OVG Münster vom 18. 1. 1961, OVGE 16, 205. a. A. *Eyermann / Fröhler*, § 113, Rdnr. 51, und *Kopp*, § 43, Rdnr. 5, die auch diese Klage als Unterart der Anfechtungsklage ansehen.
[5] Vgl. etwa den Fall bei BVerwG vom 18. 7. 1969, BVerwGE 32, 333 (335). Vgl. hierzu auch *Eyermann / Fröhler*, § 43, Rdnr. 22; *Redeker / von Oertzen*, § 43, Rdnr. 25.
[6] Vgl. hierzu *von Mutius*, VerwArch. 63, 229; ders., HRR VwR 1977, D 4, A 2, Seite 4; *Redeker / von Oertzen*, § 43, Rdnr. 26; *Tschira / Schmitt-Glaeser*, Seite 207 f.

Es wird die Ansicht vertreten, die Vorschrift des § 43 Abs. 2 Satz 1 VwGO sei bei Klagen gegen einen Verwaltungsträger nur dann anwendbar, wenn der Kläger die Aufhebung oder den Erlaß eines Verwaltungsaktes begehre. Denn die in dieser Vorschrift angeordnete Subsidiarität der Feststellungsklage solle lediglich verhindern, daß der Kläger bei verwaltungsaktbezogenen Rechtsstreitigkeiten mit einem Verwaltungsträger, die für die Erhebung einer Anfechtungs- und Verpflichtungsklage geltenden Sondervorschriften des 8. Abschnitts der VwGO unterlaufe. Sofern jedoch die Zulässigkeit einer verwaltungsgerichtlichen Klage nicht an diese Sondervorschriften gebunden sei, greife die Subsidiaritätsregelung nicht ein, sondern dann könne der Bürger alternativ eine Feststellungsklage erheben[7]. Da die Erhebung einer allgemeinen Leistungsklage nicht an die genannten Sondervorschriften gebunden sei, greife § 43 Abs. 2 Satz 1 VwGO im Verhältnis der Feststellungsklage zur allgemeinen Leistungsklage nicht ein[8].

Für eine Subsidiarität der Feststellungsklage bestehe in diesen Fällen im übrigen auch kein Anlaß, da bei Klagen gegen einen Verwaltungsträger eine Feststellungsklage trotz der fehlenden Vollstreckbarkeit eines Feststellungsurteils die gleiche Rechtsschutzeffizienz gewährleiste wie eine Leistungsklage. Denn von Verwaltungsträgern könne „man angesichts ihrer verfassungsmäßig verankerten, festen Bindung an Recht und Gesetz die Respektierung von Gerichtsurteilen auch ohne dahinter stehenden Vollstreckungsdruck erwarten"[9]. Aufgrund dieser Tatsache werde auch für das Zivilprozeßrecht herrschend die Meinung vertreten, bei Klagen gegen den Staat sei die Feststellungsklage gegenüber einer gleichfalls zulässigen Leistungsklage ausnahmsweise nicht subsidiär, sondern alternativ zulässig[10]. Der Grundsatz, daß ein Feststellungsurteil gegenüber einem Verwaltungsträger die gleiche Effizienz besitze wie ein Leistungsurteil, sei auch im Verwaltungsrechtsstreit bei der Auslegung des § 43 Abs. 2 Satz 1 VwGO zu berücksichtigen.

---

[7] So z. B. BVerwG vom 27. 10. 1970, BVerwGE 36, 179; BVerwG vom 8. 9. 1972, BVerwGE 40, 323 (327 f.); BVerwG vom 2. 7. 1976, NJW 1976, 1648; *Obermayer*, Prozeßrecht, Seite 351. Vgl. auch *Eyermann / Fröhler*, § 43, Rdnr. 15; *Kellner*, MDR 1968, 965; *Maetzel*, DVBl. 1974, 335 (338); *Naumann*, Streitigkeiten, Seite 380; *Obermayer*, Prozeßrecht, Seite 351; *Stern*, Probleme, Seite 115; *Ule*, VerwArch. 65, 291 (309); BSG vom 26. 5. 1959, NJW 1959, 2182.

[8] Vgl. BVerwG vom 2. 7. 1976, NJW 1976, 1648.

[9] BVerwG vom 27. 10. 1970, BVerwGE 36, 179 (181); VG Berlin vom 12. 2. 1959, NJW 1960, 1411; *Obermayer*, Prozeßrecht, Seite 351. Vgl. auch BVerwG vom 30. 4. 1971, NJW 1971, 2004 (2005).

[10] Vgl. hierzu *Baumbach / Lauterbach*, § 256, Anm. III, 5 b, zum Stichwort Leistungsklage; *Rosenberg / Schwab*, § 94 III; *Stein / Jonas*, § 256, Anm. III 5 b, jeweils m. w. N.

II. Der Anwendungsbereich der Feststellungsklage

Gegen diese Ansicht bestehen jedoch erhebliche Bedenken.

Zunächst ergibt sich bereits aus dem Wortlaut des § 43 Abs. 2 Satz 1 VwGO, daß die Anwendbarkeit dieser Vorschrift nicht auf die Anfechtungs- und Verpflichtungsklage beschränkt werden kann. Der Begriff der Leistungsklage in § 43 Abs. 2 Satz 1 VwGO umfaßt nämlich nicht nur die Verpflichtungsklage, sondern auch die allgemeine Leistungsklage. Gerade die Formulierung des § 43 Abs. 2 Satz 1 VwGO wird als Indiz für die prozessuale Statthaftigkeit der allgemeinen Leistungsklage herangezogen[11]. Hiermit wäre es unvereinbar, unter „Leistungsklage" im Sinne des § 43 Abs. 2 Satz 1 VwGO bei der Abgrenzung des Anwendungsbereichs der verwaltungsgerichtlichen Klagen nur die Verpflichtungsklage zu verstehen.

Darüber hinaus kann aber auch die These nicht überzeugen, bei Klagen gegen einen Verwaltungsträger könne der Grundsatz der Subsidiarität der Feststellungsklage ohne Bedenken aufgegeben werden, da die Feststellungsklage in ihrer Rechtsschutzwirkung gegenüber der Leistungsklage nicht weniger effizient sei[12]. Schon der Gesetzgeber der VwGO hat den damit vertretenen Optimismus, ein Verwaltungsträger werde jedes gegen ihn ergangene Urteil respektieren, nicht geteilt[13] und daher in §§ 170, 172 VwGO die Zwangsvollstreckung aus verwaltungsgerichtlichen Urteilen auch gegen Verwaltungsträger zugelassen. Erfahrungen in der Vergangenheit haben gezeigt, daß der Gesetzgeber der VwGO es zu Recht nicht als selbstverständlich angesehen hat, ein Verwaltungsträger werde jedes gegen ihn ergangene Urteil respektieren[14].

Davon abgesehen, können aber die zur Zulässigkeit der zivilgerichtlichen Feststellungsklage entwickelten Grundsätze nicht ohne weiteres auf die verwaltungsgerichtliche Feststellungsklage übertragen werden, denn die ZPO enthält keine dem § 43 Abs. 2 Satz 1 VwGO vergleichbare Vorschrift. In den Bestimmungen der ZPO wird die Zulässigkeit einer Feststellungsklage nicht für bestimmte Streitigkeiten ausdrücklich ausgeschlossen. Ihre Zulässigkeit setzt vielmehr gemäß § 256 ZPO lediglich ein rechtliches Interesse des Klägers an einer bestimmten

---

[11] Vgl. BTDrucks. III, 55, Seite 32. Vgl. auch *Schäfer*, DVBl. 1960, 837.

[12] Vgl. *von Mutius*, VerwArch. 63, 229 (232); *Redeker / von Oertzen*, § 43, Rdnr. 26; *Stern*, Probleme, Seite 115.

[13] Vgl. BTDrucks. III, 55, Seite 49. Vgl. hierzu *Geiger*, MDR 1960, 884 (887); *Redeker / von Oertzen*, § 172, Rdnr. 1; *Rupp*, AÖR 85, 301 (325); OVG Münster vom 12. 12. 1973, NJW 1974, 917.

[14] Vgl. OVG Lüneburg vom 17. 3. 1967, DVBl. 1969, 119; VGH Mannheim vom 10. 5. 1973, NJW 1973, 1518; OVG Münster vom 13. 12. 1973, NJW 1974, 917. Vgl. hierzu auch *Bachof*, Klage, Seite 149 f.; *Bethge*, SKV 1972, 123; *Bettermann*, DVBl. 1969, 121; *Ule*, Schriftenreihe Speyer, Seite 40 f.

Feststellung voraus, d. h. ein besonderes Rechtsschutzbedürfnis. Demgegenüber hat der Gesetzgeber der VwGO die Zulässigkeit einer Feststellungsklage an strengere Voraussetzungen geknüpft. Er fordert nicht nur in § 43 Abs. 1 VwGO ein berechtigtes Interesse an der begehrten Feststellung, sondern hat diese Klageart in § 43 Abs. 2 Satz 1 VwGO für bestimmte Konfliktfälle ausdrücklich ausgeschlossen und hierdurch den Anwendungsbereich der Feststellungsklage gesetzlich eingeschränkt[15]. Diese ausdrückliche Begrenzung kann durch zivilprozessuale Grundsätze, deren Berechtigung zudem fraglich erscheint, nicht überwunden werden.

Als Ergebnis kann daher festgehalten werden, daß die Subsidiaritätsregel des § 43 Abs. 2 Satz 1 VwGO auch den Anwendungsbereich der allgemeinen Leistungsklage zur Feststellungsklage abgrenzt[16].

III. Der Anwendungsbereich der allgemeinen Leistungsklage

Anders als bei der Feststellungsklage ist der Anwendungsbereich der allgemeinen Leistungsklage einerseits und der Anfechtungs- und Verpflichtungsklage andererseits auf bestimmte Formen des Verwaltungshandelns beschränkt. Hier ist die rechtliche Einordnung der im Streit befindlichen Verwaltungsmaßnahmen bestimmend für die jeweilige Klageart.

1. Abgrenzung der allgemeinen Leistungsklage zur Anfechtungsklage

Wird der Bürger durch eine Verwaltungsmaßnahme, die die Kriterien eines Verwaltungsaktes aufweist, in seinem Rechtskreis beeinträchtigt, so kann er gemäß § 42 Abs. 1 VwGO eine Anfechtungsklage erheben. Stellt das Verwaltungsgericht fest, daß der angegriffene Verwaltungsakt rechtswidrig und der Kläger in seinen Rechten verletzt ist, so hebt es diesen nach Maßgabe des § 113 Abs. 1 VwGO durch rechtsgestaltendes Urteil auf.

In den Bestimmungen der VwGO wird nicht definiert oder beschrieben, welche Verwaltungsmaßnahmen als Verwaltungsakte[1] anzusehen sind. Die herrschende Ansicht in Rechtsprechung und Literatur[2] sieht

---

[15] Vgl. *von Mutius*, VerwArch. 63, 230 f.

[16] So auch *Kopp*, § 43, Rdnr. 26; *Müller-Volbehr*, DVBl. 1976, 57, 62; *von Mutius*, VerwArch. 63, 229 ff.; ders., HRR VwR 1977, D 4, A 2, Seite 2; *Redeker / von Oertzen*, § 43, Rdnr. 26; *Schenke*, AÖR 95, 223 (255); *Tschira / Schmitt-Glaeser*, Seite 208.

[1] Zur geschichtlichen Entwicklung dieses Rechtsbegriffs vgl. *Bachof*, Klage, Seite 21 ff.; *Obermayer*, VA, Seite 27 ff.

[2] Vgl. u. a. *Erichsen / Martens*, § 11 II, Seite 153 ff.; *Forsthoff*, § 11, Seite

III. Der Anwendungsbereich der allgemeinen Leistungsklage

das entscheidende Kriterium für das Vorliegen eines Verwaltungsaktes in der hoheitlichen Regelung eines Einzelfalles mit unmittelbarer Rechtswirkung[3]. Dem entspricht auch § 35 VwVfG, der den Begriff des Verwaltungsaktes bundeseinheitlich definiert[4]. Hiernach kann im Ergebnis als Verwaltungsakt jede individuell-konkrete Verwaltungsmaßnahme mit Rechtserheblichkeit und Rechtsverbindlichkeit angesehen werden, die eine Behörde zur Regelung eines Einzelfalles trifft und auf unmittelbare Rechtswirkung gerichtet ist.

Von dieser Form des Verwaltungshandelns sind diejenigen einseitigen Verwaltungsmaßnahmen zu unterscheiden, die lediglich eine *tatsächliche* Veränderung der Außenwelt herbeiführen, ohne unmittelbare Rechtswirkungen zu entfalten[5]. Solche Verwaltungsmaßnahmen können infolge ihrer tatsächlichen Wirkungen mittelbar in die Rechtssphäre des einzelnen eingreifen, ohne daß sie final auf diesen mittelbaren Erfolg gerichtet sind. So können sich etwa die Aussagen öffentlicher Erklärungen eines Verwaltungsträgers[6] oder behördlicher Gutachten[7] und Untersuchungsberichte[8] sowie auch verwaltungsinterner Weisungen[9], die als solche nur Tatsachenmitteilungen, aber keine rechtliche Regelung enthalten, für den davon betroffenen Bürger geschäftsschädigend oder auch ehrkränkend auswirken[10], sofern die mitgeteilten Tatsachen nicht der Wahrheit entsprechen.

---

195 ff.; *Stern*, Probleme, Seite 58 f.; *Ule*, Prozeßrecht, § 32, Seite 139; *Wolff / Bachof*, § 46 I, Seite 372 f.; BVerwG vom 9. 11. 1967, DVBl. 1968, 640; BVerwG vom 25. 2. 1969, NJW 1969, 1131; BVerwG vom 22. 5. 1980, NJW 1981, 67; BayVGH vom 20. 9. 1976, DVBl. 1978, 148; OVG Münster vom 22. 2. 1961, DÖV 1961, 469; OVG Münster vom 15. 11. 1974, DÖV 1975, 358. Vgl. auch *Martens*, DVBl. 1968, 323, der die herkömmlichen Definitionen für unbrauchbar hält. Kritisch hierzu *von Mutius*, Festschrift Wolff, 167 (191 ff.).

[3] a. A. *Brohm*, VVDStRL 30, 286 ff., der unter Verzicht auf das Kriterium der Regelung alle hoheitlichen Maßnahmen als VA ansieht, denen eine Entscheidung zugrunde liegt. Ablehnend hierzu insbesondere *Renck*, BayVBl. 1973, 365. Vgl. auch *von Mutius*, Festschrift Wolff, Seite 167 (169).

[4] Vgl. hierzu *Wolff / Bachof*, § 46 I, Seite 373; *Redeker / von Oertzen*, § 42, Rdnr. 32 ff.; BVerwG vom 27. 2. 1978, DVBl. 1978, 638; BVerwG vom 22. 5. 1980, NJW 1981, 67.

[5] Vgl. hierzu *Erichsen / Martens*, § 33, Seite 296 f.

[6] Vgl. z. B. OLG Köln vom 19. 11. 1951, DVBl. 1952, 309; BayVGH vom 11. 3. 1964, DVBl. 1965, 447; VGH Kassel vom 12. 5. 1964, DVBl. 1965, 452; OLG Düsseldorf vom 24. 10. 1979, Az. 15 U 73/78 — unveröffentlicht —.

[7] Vgl. etwa BVerwG vom 28. 2. 1961, DVBl. 1961, 444; BVerwG vom 9. 11. 1967, DVBl. 1968, 640.

[8] Vgl. z. B. BVerwG vom 20. 7. 1962, DÖV 1962, 704; BVerwG vom 18. 4. 1969, NJW 1969, 1980; OVG Lüneburg vom 26. 1. 1961, OVGE 16, 442. Vgl. hierzu auch *Fichtmüller*, Seite 45 ff.; *Wendt*, DÖV 1963, 89 ff.; ders., DVBl. 1970, 502.

[9] Vgl. hierzu ausführlich *Müller-Volbehr*, DVBl. 1976, 57.

[10] Vgl. hierzu BVerwG vom 9. 2. 1966, DVBl. 1966, 601; BVerwG vom 27. 12. 1967, DÖV 1968, 429; OVG Münster vom 4. 10. 1966, DVBl. 1967, 51; VG Köln

Wenn ein Verwaltungsträger solche tatsächlichen Maßnahmen im Rahmen seiner öffentlich-rechtlichen Verwaltungstätigkeit vornimmt, ist eine Streitigkeit über diese Verwaltungshandlungen öffentlich-rechtlicher Art, so daß dem betroffenen Bürger gemäß § 40 Abs. 1 Satz 1 VwGO der Rechtsweg zu den Verwaltungsgerichten offensteht[11]. Fraglich kann nur sein, mit welcher Klageart er verwaltungsgerichtlichen Rechtsschutz erlangen kann. In Betracht käme eine Anfechtungsklage mit dem Antrag, die konkrete Verwaltungsmaßnahme — also etwa eine geschäftsschädigende Behauptung einer Behörde — aufzuheben, oder eine allgemeine Leistungsklage mit dem Antrag, den beklagten Verwaltungsträger zur Zurücknahme der Verwaltungsmaßnahme — also etwa zum Widerruf der geschäftsschädigenden Behauptung — zu verurteilen. Nur wenn der Bürger mit diesen Rechtsschutzformen keinen wirksamen Rechtsschutz erlangen kann, wäre auf die subsidiäre Feststellungsklage zurückzugreifen.

Wenn man vom Wortlaut des § 42 Abs. 1 VwGO ausgeht, bestehen Bedenken gegen die Zulässigkeit einer Anfechtungsklage, da diese Vorschrift den Anwendungsbereich einer Anfechtungsklage auf die Aufhebung von Verwaltungsakten beschränkt. Dennoch wird die Auffassung vertreten, der Anwendungsbereich der Anfechtungsklage sei auf alle belastenden Verwaltungsmaßnahmen auszudehnen, die im Rahmen eines Über- oder Unterordnungsverhältnisses ergehen[12], da das Rechtsschutzsystem der VwGO zwischen sub- und koordinationsrechtlichen Streitigkeiten unterscheide. Bei Streitigkeiten zwischen dem Bürger und einem Verwaltungsträger im Rahmen eines Subordinationsverhältnisses lasse die VwGO lediglich Anfechtungs- und Verpflichtungsklagen zu[13]. Da eine Klage gegen eine belastende Verwaltungsmaßnahme regelmäßig eine subordinationsrechtliche Streitigkeit sei, sei folglich die Anfechtungsklage auch dann die allein statthafte Klageart, wenn der Bürger sich durch eine tatsächliche Verwaltungshandlung eines Verwaltungsträgers in seiner Rechtssphäre beeinträch-

---

vom 24. 9. 1964, DVBl. 1965, 882. Vgl. hierzu auch *Erichsen / Hoffmann-Becking*, JuS 1971, 144; *Evers*, DVBl. 1965, 449; *Schade*, Seite 37 ff.

[11] Vgl. BGH GZS vom 19. 12. 1960, BGHZ 34, 99. Vgl. hierzu auch *Bettermann*, DVBl. 1952, 312; *Evers*, DVBl. 1965, 449; *Martens*, Rechtsschutz, Seite 12 ff.; *Redeker / von Oertzen*, § 40, Rdnr. 10.

[12] So *Eyermann / Fröhler*, § 42, Rdnr. 14; *Maunz / Dürig*, Art. 19 Abs. 4, Rdnr. 11; *Rönnebeck*, Seite 26 ff. Vgl. zu dieser Ansicht ausführlich *Folger*, Seite 48 ff. a. A. die h. M.; vgl. *Menger*, VerwArch. 54, 199; *Obermayer*, Prozeßrecht, Seite 348; *Redeker / von Oertzen*, § 42, Rdnr. 2, 10; *Tschira / Schmitt-Glaeser*, Seite 84 ff.; *Ule*, Prozeßrecht, § 32, Seite 126; BVerwG vom 28. 11. 1969, DÖV 1970, 570.

[13] So auch *Kopp*, § 42, Rdnr. 9; *Lerche*, Seite 71 ff.; BayVGH vom 20. 10. 1960, BayVBl. 1961, 58; BayVGH vom 29. 10. 1964, VGHE n. F. 17, 106 (109). Im Ausgangspunkt geht auch *Folger*, Seite 84 ff., hiervon aus, jedoch stimmt er im Ergebnis mit der h. M. überein.

III. Der Anwendungsbereich der allgemeinen Leistungsklage

tigt fühle[14]. Zumindest könne der Bürger in einem solchen Fall eine „Quasi-Anfechtungsklage" erheben[15].

Die von dieser Auffassung geforderte Ausdehnung des Anwendungsbereichs der Anfechtungsklage auch auf solche belastenden Verwaltungsmaßnahmen, die keine Verwaltungsakte sind, wäre die logische Konsequenz der umfassenden Rechtsschutzgarantie des Art. 19 Abs. 4 GG, wenn das Rechtsschutzsystem der VwGO — wie behauptet wird — in subordinationsrechtlichen Streitigkeiten nur die Anfechtungs- und Verpflichtungsklage zuließe[16].

Aus den Bestimmungen der VwGO ergibt sich jedoch kein Anhaltspunkt für diese These. Vielmehr spricht die Generalklausel des § 40 Abs. 1 Satz 1 VwGO dafür, daß die Differenzierung zwischen sub- und koordinationsrechtlichen Streitigkeiten für das Rechtsschutzsystem der VwGO ohne Bedeutung ist und somit auch in subordinationsrechtlichen Streitigkeiten eine allgemeine Leistungsklage des Bürgers statthaft ist[17].

Gegen eine Ausdehnung des Anwendungsbereichs der Anfechtungsklage auch auf solche Verwaltungshandlungen, die keine Verwaltungsakte sind, spricht darüber hinaus die rechtliche Ausgestaltung der Anfechtungsklage durch die VwGO. Diese Klageart ist infolge ihrer Rechtsnatur zur Beseitigung solcher Verwaltungsmaßnahmen ungeeignet[18]. Da nämlich die Anfechtungsklage als eine Form der Gestaltungsklage auf eine Rechtsänderung durch richterlichen Gestaltungsakt gerichtet ist, kann Klagegegenstand nur eine „Willensentscheidung rechtserheblicher Natur"[19] sein, nicht aber eine Verwaltungsmaßnahme, die unmittelbar nur tatsächliche Wirkungen entfaltet. Nur die durch einen Verwaltungsakt eingetretene rechtliche Regelung kann durch ein Anfechtungsurteil rückgängig gemacht werden.

Die lediglich tatsächlichen Auswirkungen einer Verwaltungsmaßnahme, d. h. „Reale Umweltvorgänge"[20], können dagegen — wovon

---

[14] *Eyermann / Fröhler*, § 42, Rdnr. 14; *Maunz / Dürig*, Art. 19, Abs. 4, Rdnr. 11.
[15] Vgl. *Wendt*, DÖV 1963, 89; OVG Lüneburg vom 26. 1. 1961, OVGE 16, 442. Hiergegen *Fichtmüller*, Seite 79; *Menger*, VerwArch. 54, 199; *Selmer*, DÖV 1968, 342 (345); BVerwG vom 20. 7. 1962, DÖV 1962, 704.
[16] Vgl. *Hantke*, Seite 19 ff. (23); *Hegel*, DÖV 1965, 413.
[17] Vgl. *Hegel*, JZ 1963, 17; *Holland*, Klage, Seite 36 f.; *Schäfer*, DVBl. 1960, 837.
[18] Vgl. *Bettermann*, NJW 1960, 650; *Folger*, Seite 28 ff.; *Hegel*, DÖV 1965, 416; *Müller*, Seite 24 ff.; *Rupp*, AÖR 85, 303. a. A. *Rönnebeck*, Seite 28; *Schweickhardt*, DÖV 1965, 795.
[19] *Rupp*, AÖR 85, 303.
[20] *Rupp*, AÖR 85, 303.

auch die Regelung des § 113 Abs. 5 VwGO n. F. ausgeht — nicht durch richterlichen Gestaltungsakt oder durch einen regelnden Verwaltungsakt rückgängig gemacht werden, sondern nur durch eine neue tatsächliche Verwaltungshandlung, die als actus contrarius diesen realen Umweltvorgang wieder beseitigt. So kann etwa die geschäftsschädigende Wirkung einer behördlichen Behauptung nur durch ihren Widerruf, nicht aber durch gerichtliche Aufhebung der Behauptung beseitigt werden. Folglich ist davon auszugehen, daß Verwaltungshandlungen, die den Bürger in seiner Rechtssphäre beeinträchtigen, aber nicht gleichzeitig die Kriterien eines Verwaltungsaktes aufweisen, weder Gegenstand einer Anfechtungsklage noch einer „Quasi-Anfechtungsklage" sein können[21].

Etwas anderes gilt auch dann nicht, wenn der für eine solche Verwaltungshandlung verantwortliche Verwaltungsträger den vorprozessualen Antrag des Bürgers, die rechtsbeeinträchtigenden Folgen der Maßnahme durch positives Tun — etwa durch Widerruf oder Zurücknahme des geschäftsschädigenden Gutachtens — zu beseitigen, ausdrücklich ablehnt. Denn diese ablehnende Erklärung ist kein Verwaltungsakt. Wenn ein Verwaltungsträger einen Antrag ablehnt, eine Verwaltungshandlung vorzunehmen, die nicht die Kriterien eines Verwaltungsaktes aufweist, so ist diese Ablehnung als actus contrarius ebenfalls kein Verwaltungsakt, sondern lediglich die schlichte Erklärung, dem Antrag nicht stattgeben zu wollen[22]. Nur der Bescheid, durch den eine Behörde den Erlaß eines beantragten Verwaltungsaktes ablehnt, ist als actus contrarius ebenfalls ein Verwaltungsakt[23].

Obwohl sich der Bürger somit gegenüber belastenden Verwaltungsmaßnahmen, die keine Verwaltungsakte sind, unter keinem Gesichtspunkt mit einer Anfechtungsklage zur Wehr setzen kann, ist er nach dem Rechtsschutzsystem der VwGO nicht rechtsschutzlos gestellt[24]. Die

---

[21] Vgl. hierzu *Martens*, Rechtsschutz, Seite 22; BVerwG vom 20. 7. 1962, DÖV 1962, 704; VGH Mannheim vom 19. 11. 1974, DVBl. 1975, 138.

[22] So die h. M.; vgl. *Bachof*, Verfassungsrecht, Band I Nr. 121, Seite 240, Nr. 124, Seite 242; *ders.*, Tendenzen, Seite 10; *Brück*, NJW 1960, 2271 (2273 f.); *Ehrig*, NJW 1961, 196 (199); *Erichsen*, VerwR, Seite 177; *Folger*, Seite 61; *Friehe*, JZ 1980, 516, 519; *König*, BayVBl. 1971, 47; *Perschel*, JuS 1966, 231; *Rüfner*, VVDStRL 28, 187 (205); *Zimmermann*, VerwArch. 62, 48 (79). *a. A. Bettermann*, NJW 1960, 650; *Haueisen*, DÖV 1961, 121 (123 Fn. 21 a); *ders.*, DVBl. 1961, 833 (834); *Kopp*, § 42, Rdnr. 38; *Lässig*, DVBl. 1979, 561 (562); *Martens*, JuS 1962, 245 (252); BVerwG vom 25. 10. 1960, DÖV 1961, 267; VGH Kassel vom 13. 1. 1977, NJW 1977, 692; VG Koblenz vom 21. 6. 1961, DVBl. 1962, 455. *Offenlassend* BVerwG vom 9. 2. 1967, DÖV 1967, 351; BVerwG vom 9. 11. 1967, DVBl. 1968, 640; BVerwG vom 30. 10. 1970, DVBl. 1971, 404 (406). Anders aber BVerwG vom 13. 11. 1975, NJW 1976, 1281.

[23] Vgl. *Folger*, Seite 57 m. w. N.; *Zimmermann*, VerwArch. 62, 48 (70).

[24] BVerwG vom 22. 5. 1980, NJW 1981, 67, 68. Anders noch BayVGH vom 29. 10. 1964, DÖV 1964, 849; VGH Kassel vom 19. 7. 1961, NJW 1962, 832; VG

VwGO stellt ihm die allgemeine Leistungsklage als Rechtsschutzinstrument zur Verfügung[25]. Mit dieser Klage kann er von dem verantwortlichen Verwaltungsträger Beseitigung der Beeinträchtigungen solcher Verwaltungshandlungen, die keine Verwaltungsakte sind, durch positives Tun verlangen[26]. Insoweit vervollständigt die allgemeine Leistungsklage den durch Art. 19 Abs. 4 GG, § 40 Abs. 1 Satz 1 VwGO garantierten Rechtsschutz des Bürgers gegenüber allen belastenden Verwaltungsmaßnahmen, die keine Verwaltungsakte sind.

2. Abgrenzung der allgemeinen Leistungsklage zur Verpflichtungsklage

Will der Bürger einen Anspruch auf Vornahme einer ihn begünstigenden Verwaltungshandlung gerichtlich geltend machen, so stellt die VwGO zwei Formen der Leistungsklage zur Verfügung, die Verpflichtungsklage und die allgemeine Leistungsklage. Die rechtliche Qualität der beanspruchten Verwaltungsmaßnahme entscheidet darüber, welche verwaltungsgerichtliche Leistungsklage der Bürger jeweils erheben muß.

Besteht die Verwaltungsmaßnahme im Erlaß eines Verwaltungsaktes — also etwa in der Erteilung einer Baugenehmigung —, so kann der Bürger gemäß § 42 Abs. 1 VwGO nur eine Verpflichtungsklage erheben. Begehrt ein Bürger dagegen die Vornahme einer Verwaltungshandlung, die nicht die Kriterien eines Verwaltungsaktes aufweist — also etwa die Auszahlung einer bestimmten Geldsumme[27], die Herausgabe einer Sache[28] oder auch die Gewährung von Aktenein-

---

Braunschweig vom 13. 6.1968, DVBl. 1969, 83; VG Karlsruhe vom 15. 12. 1964, NJW 1965, 1452; VG Wiesbaden vom 20. 6. 1963, NJW 1963, 2140. Vgl. hierzu auch *Evers*, JuS 1967, 258; *Frotscher*, DÖV 1971, 259; *Stich*, JuS 1964, 333 f.

[25] Vgl. *Bachof*, Tendenzen, Seite 9 f.; *Czermak*, NJW 1962, 833; *Frotscher*, DÖV 1971, 259; *Martens*, Rechtsschutz, Seite 21 f.; *Menger*, HRR VwR 1977, D 7, C 3, F 6, Seite 7; ders., VerwArch. 72, 149, 154; *Müller-Volbehr*, DVBl. 1976, 57, 60; *Naumann*, Streitigkeiten, Seite 378 f.; *Paetzold*, DVBl. 1974, 454 (456 f.); *Rinsche*, NJW 1965, 1934; *Stern*, Probleme, Seite 50 f. m. w. N.; *Wolff/Bachof*, § 46, Seite 370; *Zimmermann*, VerwArch. 62, 48 (55); BVerwG vom 22. 5. 1980, NJW 1981, 68; VGH Mannheim vom 19. 11. 1974, DVBl. 1975, 438 (439); VGH Kassel vom 18. 11. 1975, DVBl. 1977, 49.

[26] Vgl. z. B. BVerwG vom 20. 7. 1962, DÖV 1962, 704; BVerwG vom 27. 12. 1967, DÖV 1968, 429; BVerwG vom 2. 11. 1973, DÖV 1974, 132; BayVGH vom 15. 3. 1978, DÖV 1978, 928; OVG Münster vom 4. 1. 1966, DÖV 1967, 571; OVG Münster vom 15. 11. 1974, DÖV 1975, 358.

[27] Vgl. z. B. BVerwG vom 3. 5. 1963, VerwRspr. 16, 53; BVerwG vom 15. 3. 1968, BVerwGE 29, 214; BVerwG vom 29. 5. 1973, DÖV 1974, 133; OVG Lüneburg vom 26. 8. 1970, DVBl. 1971, 421; OVG Münster vom 22. 2. 1961, DÖV 1961, 469.

[28] Vgl. z. B. VGH Kassel vom 12. 9. 1962, DÖV 1963, 389; OVG Koblenz vom 11. 7. 1963, AS 9, 88; VGH Mannheim vom 13. 2. 1973, NJW 1973, 1664; OVG

sicht[29] —, so ist eine Verpflichtungsklage gemäß § 42 Abs. 1 VwGO grundsätzlich nicht statthaft[30].

Etwas anderes gilt nur, wenn nach den Vorschriften des materiellen Verwaltungsrechts[31] die Vornahme einer solchen Verwaltungshandlung von ihrer vorherigen Bewilligung in Gestalt eines förmlichen Bewilligungsbescheides abhängt[32]. Da ein solcher *Bewilligungsbescheid* materiell die Entstehung des betreffenden Leistungsanspruches des Bürgers regelt bzw. feststellt, ist der Erlaß eines solchen Bescheides und damit — als actus contrarius — auch die förmliche Ablehnung, einen solchen Bescheid zu erlassen, ein Verwaltungsakt. In einem solchen Fall kann der Bürger nicht unmittelbar Klage auf Vornahme der begehrten Verwaltungsmaßnahme — etwa auf Auszahlung einer bestimmten Geldsumme — erheben, sondern er muß zunächst eine Verpflichtungsklage auf Erlaß des Bewilligungsbescheides erheben[33].

Sofern jedoch die Entstehung eines Anspruchs auf Vornahme einer Verwaltungshandlung, die kein Verwaltungsakt ist, nicht vom Erlaß eines Bewilligungsbescheides abhängt[34], kann der Bürger seinen Lei-

---

Münster vom 26. 4. 1972, NJW 1972, 2147; VG Neustadt vom 3. 4. 1964, NJW 1965, 833.

[29] Vgl. hierzu *Perschel*, JuS 1966, 231 ff.; BVerwG vom 26. 1. 1978, DVBl. 1978, 606; OVG Koblenz vom 10. 4. 1963, DÖV 1963, 553; OVG Münster vom 28. 6. 1972, NJW 1973, 110. Vgl. zum Recht auf Akteneinsicht auch § 44 a VwGO. Vgl. hierzu BVerwG vom 27. 5. 1981, NJW 1982, 120; OVG Münster vom 13. 6. 1980, NJW 1981, 70.

[30] So die h. M., *Bachof*, Tendenzen, Seite 11; *Holland*, Klage, Seite 27 ff.; *Menger*, VerwArch. 60, 385 ff.; *Obermayer*, Prozeßrecht, Seite 348; *Stern*, Probleme, Seite 54, 70 ff.; *Tschira / Schmitt-Glaeser*, Seite 180; *Redeker / von Oertzen*, § 42, Rdnr. 6; *Ule*, Prozeßrecht, § 32, Seite 127 f.; BVerwG vom 28. 2. 1969, NJW 1969, 1131; BVerwG vom 28. 10. 1970, DVBl. 1971, 404 (406); VGH Mannheim vom 19. 11. 1974, DVBl. 1975, 438; OVG Münster vom 8. 3. 1974, DÖV 1974, 498; OVG Münster vom 15. 11. 1974, DÖV 1975, 358. a. A. *Bettermann*, NJW 1960, 649 (650); ders., DVBl. 1969, 703; *Eyermann / Fröhler*, § 42, Rdnr. 15 ff.; *Lerche*, Seite 76; *Martens*, JuS 1962, 245 (252); VG Braunschweig vom 13. 6. 1968, DVBl. 1969, 83; VG Frankfurt vom 3. 5. 1960, DÖV 1961, 313.

[31] Vgl. etwa §§ 155 BBG, 335 LAG, 4 Abs. 2 BSHG, 33 WohngeldG, 42 ff. II WoBauG.

[32] Vgl. zu dieser Problematik *Friehe*, JZ 1980, 516 (519); *Haueisen*, DVBl. 1960, 912 (918); ders., DVBl. 1961, 833; ders., DÖV 1961, 121; *Hoffmann-Becking*, VerwArch. 62, 191 (193); *Holland*, Klage, Seite 77 ff.; *Lässig*, DVBl. 1979, 561; *Menger*, DÖV 1955, 578; *Redeker / von Oertzen*, § 42, Rdnr. 154; BVerwG vom 9. 9. 1970, DVBl. 1970, 866; BVerwG vom 18. 5. 1973, DÖV 1974, 134 (135); VG Kassel vom 13. 1. 1977, NJW 1977, 692; OVG Lüneburg vom 24. 9. 1954, OVGE 8, 484 (485).

[33] Vgl. *Bettermann*, NJW 1959, 66; *Hoffmann-Becking*, VerwArch. 62, 193; *Menger*, VerwArch. 60, 389; BVerwG vom 26. 2. 1965, MDR 1965, 688; BVerwG vom 18. 5. 1973, DÖV 1974, 134 (135); BSG vom 17. 7. 1958, NJW 1959, 66.

[34] Wann die Vornahme einer Verwaltungshandlung vom Erlaß eines Bewilligungsbescheides abhängt, ist alleine eine Frage des materiellen Verwaltunsgrechts, der im Rahmen dieser Untersuchung nicht nachgegangen

III. Der Anwendungsbereich der allgemeinen Leistungsklage

stungsanspruch gemäß § 42 Abs. 1 VwGO nicht mit einer Verpflichtungsklage, sondern nur mit einer allgemeinen Leistungsklage durchsetzen. Die allgemeine Leistungsklage ist auch dann die richtige Klageart zur gerichtlichen Geltendmachung solcher Verwaltungshandlungen, wenn der verpflichtete Verwaltungsträger vorprozessual ihre Vornahme zunächst ausdrücklich abgelehnt hat. Denn wenn weder die beantragte Verwaltungshandlung selber ein Verwaltungsakt ist noch der Anspruch auf Vornahme dieser Verwaltungshandlung nach den Vorschriften des materiellen Verwaltungsrechts vom Erlaß eines ausdrücklichen Bewilligungsbescheides abhängt, enthält die Erklärung des verpflichteten Verwaltungsträgers, er wolle die geforderte Leistung nicht erbringen, keine Regelung und ist damit als actus contrarius ebenfalls kein Verwaltungsakt[35, 36]. Denn wie bereits ausgeführt, ist nur die Ablehnung einer Behörde, einen beantragten Verwaltungsakt zu erlassen, selbst auch ein Verwaltungsakt, nicht aber die Ablehnung, eine andere Verwaltungshandlung vorzunehmen.

Auch wenn die Streitigkeit um die Vornahme einer Verwaltungshandlung, die — wie etwa die Herausgabe erkennungsdienstlicher Unterlagen[37] — kein Verwaltungsakt ist, subordinationsrechtlicher Art ist, kann der Bürger unter den dargestellten Voraussetzungen keine Verpflichtungsklage, sondern nur eine allgemeine Leistungsklage erheben[38]. Denn wie gezeigt wurde, läßt das Rechtsschutzsystem der VwGO auch in subordinationsrechtlichen Streitigkeiten zwischen einem Bürger und einem Verwaltungsträger neben der Anfechtungs- und Verpflichtungsklage die allgemeine Leistungsklage zu[39].

Hiervon abweichend vertritt *Bettermann* die Auffassung, Gegenstand einer Verpflichtungsklage könne nicht nur der Erlaß eines Verwaltungsaktes sein, sondern auch die Vornahme sonstiger Amtshandlungen. Er meint, es gebe keinen vernünftigen Grund, die Nichtvornahme eines Verwaltungsaktes prozessual anders zu behandeln als die Nichtvornahme sonstiger Amtshandlungen. Der Anwendungsbereich

---

werden kann. Vgl. hierzu *Götz*, DVBl. 1961, 433 (437 f.); *Folger*, Seite 43 f.; *Holland*, Klage, Seite 79 ff.

[35] a. A. z. B. VGH Kassel vom 13. 1. 1977, NJW 1977, 692.

[36] Selbst wenn man in der Erklärung, nicht leisten zu wollen, einen VA sieht, hätte dies nur zur Konsequenz, daß die allgemeine Leistungsklage mit einer Anfechtungsklage auf Aufhebung dieses Bescheides zu verbinden wäre.

[37] Vgl. hierzu *Holland*, JuS 1968, 559; *Redeker / von Oertzen*, § 42, Rdnr. 158; *Schmitz*, NJW 1968, 1128; *Thomas*, NJW 1968, 438; BVerwG vom 9. 2. 1967, DVBl. 1967, 778; VGH Mannheim vom 13. 2. 1973, NJW 1973, 1663. Zur Klageart vgl. auch VGH Kassel vom 13. 1. 1977, NJW 1977, 692.

[38] So inzwischen völlig herrschende Meinung. Vgl. statt aller *Redeker / von Oertzen*, § 42, Rdnr. 6, 158; BVerwG vom 28. 2. 1969, NJW 1969, 1131.

[39] a. A. insbesondere *Eyermann / Fröhler*, § 42, Rdnr. 17; *Kopp*, § 42, Rdnr. 9; *Lerche*, Seite 76.

der Anfechtungsklage müsse auf Verwaltungsakte beschränkt bleiben, da nur ein Verwaltungsakt mittels eines Gestaltungsurteils aufhebbar sei. Da aber die Verpflichtungsklage eine Leistungsklage sei, sei hier eine Beschränkung auf Verwaltungsakte weder erforderlich noch vertretbar. Die Vorschrift des § 113 Abs. 4 Satz 1 VwGO, die „die Amtshandlung" als Gegenstand eines Verpflichtungsurteils bezeichne, sei für die Bestimmung des Klagegegenstandes der Verpflichtungsklage maßgebend. § 42 Abs. 1 VwGO sei daher für die Verpflichtungsklage durch den Wortlaut des § 113 Abs. 4 Satz 1 VwGO dahin zu korrigieren, daß mit ihr die Vornahme jeder Amtshandlung begehrt werden könne[40].

Gegen diese Ansicht bestehen jedoch erhebliche Bedenken. Nicht nur der Wortlaut des § 42 Abs. 1 VwGO, sondern auch der Wortlaut der §§ 68 Abs. 2, 65 Abs. 1 VwGO weist darauf hin, daß nach der Vorstellung des Gesetzgebers nur ein Verwaltungsakt Gegenstand einer Verpflichtungsklage sein soll. Damit ist der Gesetzgeber der in Rechtsprechung und Literatur vor Inkrafttreten der VwGO vorherrschenden Meinung gefolgt, die den Anwendungsbereich des Vorläufers der Verpflichtungsklage — nämlich der Vornahmeklage — ebenfalls auf Verwaltungsakte beschränkte[41].

Es würde dem System der VwGO widersprechen, würde man den Anwendungsbereich der Verpflichtungsklage im Gegensatz zur Anfechtungsklage auch auf solche Verwaltungshandlungen erweitern, die keine Verwaltungsakte sind. Die VwGO macht die Erhebung beider Klagearten als „nachträgliche Verwaltungsstreitsachen" in den Vorschriften des 8. Abschnitts im wesentlichen von den gleichen Sachurteilsvoraussetzungen abhängig. Diese Gleichbehandlung hinsichtlich der Bestimmungen über das Vorverfahren und der Klagefrist ist jedoch nur dann sinnvoll, wenn beide Klagearten auf den gleichen Klagegegenstand, nämlich den Verwaltungsakt, beschränkt sind[42]. Wenn auch in § 113 Abs. 4 Satz 1 VwGO der Begriff „Amtshandlung" in den Gesetzestext eingeführt worden ist, so stellt dies sicher eine Ungereimtheit dar[43]. Dies rechtfertigt jedoch nicht die Schlußfolgerung, der Gesetzgeber habe dadurch den Anwendungsbereich der Verpflichtungsklage erwei-

---

[40] Vgl. *Bettermann*, NJW 1960, 649; ders., DVBl. 1969, 703 (704). Vgl. hierzu auch *Kopp*, § 42, Rdnr. 4, 33; *Lerche*, Seite 76. Ablehnend insbesondere *Erichsen*, VerwR, Seite 177 f.; *Menger*, VerwArch. 60, 385; BVerwG vom 25. 2. 1969, NJW 1969, 1131.

[41] Vgl. hierzu *Bachof*, Klage, Seite 36; *Menger*, Grundrechte, Seite 717 (761); BVerwG vom 21. 10. 1955, BVerwGE 2, 273; OVG Lüneburg vom 24. 9. 1954, OVGE 8, 484.

[42] Vgl. *Bräutigam*, DÖV 1960, 364 (366); *Folger*, Seite 28 ff., 65 ff.; *Hegel*, JZ 1963, 15 (17); *Holland*, Klage, Seite 32; *Rupp*, AÖR 85, 305 ff.

[43] So *Rupp*, AÖR 85, 307.

tern wollen. Vielmehr ist davon auszugehen, daß der Begriff Amtshandlung im § 113 Abs. 4 Satz 1 VwGO als Synonym für den Begriff Verwaltungsakt verwendet wird[44].

Da die VwGO somit Klageinhalt und Urteilsinhalt der Verpflichtungsklage trotz des unterschiedlichen Wortlauts der §§ 42 Abs. 1, 113 Abs. 4 Satz 1 VwGO im Ergebnis kongruent umschreibt, ist für eine Korrektur des § 42 Abs. 1 VwGO durch § 113 Abs. 4 Satz 1 VwGO kein Raum. Beansprucht ein Bürger die Vornahme einer Verwaltungshandlung, die kein Verwaltungsakt ist — etwa die Einladung zu Pressefahrten der Deutschen Bundesbahn[45] —, so stellt ihm die VwGO als Rechtsschutzinstrument nicht die Verpflichtungsklage, sondern nur die allgemeine Leistungsklage zur Verfügung[46]. Insoweit vervollständigt die allgemeine Leistungsklage den grundgesetzlich garantierten Rechtsschutz des Bürgers zur Durchsetzung seiner Leistungsansprüche gegenüber der öffentlichen Gewalt.

IV. Klagegegenstände der allgemeinen Leistungsklage

Jeder Verwaltungsträger kann in Erfüllung seiner Aufgaben die allgemeinen Beziehungen zwischen dem Bürger und der Verwaltung durch verschiedenartige Handlungen konkretisieren.

Er kann im Rahmen seiner Zuständigkeit bestimmte Ge- und Verbote oder allgemein-verbindliche Anordnungen erlassen, Genehmigungen, Ratschläge oder auch unverbindliche Auskünfte erteilen, feststehende Sachverhalte untersuchen und begutachten sowie Erklärungen abgeben, Geld einziehen oder auszahlen, öffentliche Einrichtungen errichten und unterhalten sowie auch durch Abgabe rechtsgeschäftlicher Willenserklärungen Verträge abschließen[1]. Nur diejenigen Verwaltungshandlungen, die — wie etwa die Auszahlung bestimmter Geldsummen oder die Erstellung und Veröffentlichung eines behördlichen Gutachtens oder Untersuchungsberichtes oder auch Benennung oder Umbenennung eines Bahnhofs der Deutschen Bundesbahn[2] bzw. einer

---

[44] Vgl. BVerwG vom 25. 2. 1969, NJW 1969, 1132. Vgl. hierzu auch *Erichsen*, VerwR, Seite 178; *Hegel*, JZ 1963, 16; BVerwG vom 3. 5. 1956, BVerwGE 3, 258.

[45] Vgl. hierzu BVerwG vom 3. 12. 1974, NJW 1975, 891.

[46] So auch die ganz h. M.; vgl. *Redeker / von Oertzen*, § 42, Rdnr. 6, 158; *Stern*, Probleme, Seite 56; BVerwG vom 25. 2. 1969, NJW 1969, 1131; BVerwG vom 28. 10. 1970, DVBl. 1971, 404 (406); OVG Münster vom 8. 3. 1974, DÖV 1974, 498; OVG Münster vom 5. 12. 1974, GewArch. 1975, 350.

[1] Vgl. *Wolff / Bachof*, § 45, Seite 363; *Püttner*, Seite 68, 86 ff.

[2] Vgl. BVerwG vom 2. 2. 1974, NJW 1974, 1207; OVG Lüneburg vom 24. 11. 1970, DVBl. 1971, 515.

Abfahrt der Bundesautobahn[3] — keine Verwaltungsakte sind, kommen als Gegenstand einer allgemeinen Leistungsklage in Betracht.

Diese allgemeine negative Formel[4] zur Umschreibung der möglichen Klagegegenstände einer allgemeinen Leistungsklage bedarf jedoch der Präzisierung, da jene Form des Verwaltungshandelns außerordentlich vielgestaltig ist und sehr unterschiedliche Verwaltungshandlungen umfaßt.

In der Verwaltungsrechtswissenschaft wurde den Verwaltungsmaßnahmen, die keine Verwaltungsakte sind, zunächst wenig Beachtung geschenkt, da man den Verwaltungsakt als Grundform des Verwaltungshandelns ansah[5]. Die Hauptaufgabe der Verwaltungsrechtswissenschaft wurde lange Zeit in der begrifflichen Erfassung des Verwaltungsaktes und seiner rechtlichen Abgrenzung von anderen Handlungsformen der Exekutive gesehen[6]. Dem entsprach es, daß die Funktion des verwaltungsgerichtlichen Rechtsschutzes im wesentlichen in der Überprüfung von Verwaltungsakten auf ihre Rechtmäßigkeit bestand[7]. Erst in jüngerer Zeit setzte sich die Erkenntnis durch, daß im Alltag der Verwaltung die anderen Verwaltungshandlungen noch häufiger vorkommen[8] und folglich von größerer Bedeutung für das Verhältnis zwischen dem Bürger und der Exekutive sind, als früher angenommen[9]. Es lassen sich jedoch in der Verwaltungsrechtswissenschaft kaum allgemein anerkannte Kriterien finden, nach denen die verschiedenartigen Handlungsformen der Verwaltung, die keine Verwaltungsakte sind, systematisch zu erfassen und rechtlich einzuordnen sind[10]. Dies ist damit zu erklären, daß es bislang kein einheitliches, allgemein anerkanntes Gesamtsystem der Verwaltungshandlungen gibt[11]. Da es nicht Sinn der vorliegenden Untersuchung sein kann, diese Lücke zu füllen, soll hier im wesentlichen auf die Einteilung der Verwaltungshandlungen von *Wolff / Bachof* zurückgegriffen werden, die bisher den über-

---

[3] Vgl. VGH Kassel vom 18. 11. 1975, DVBl. 1977, 49.

[4] Vgl. *Tschira / Schmitt-Glaeser*, Seite 227.

[5] Vgl. z. B. *Fleiner*, § 13, Seite 182 ff.; *Jellinek*, § 10, Seite 242 ff.; *Peters,* Seite 151 ff.

[6] Vgl. *Bachof*, VVDStRL 30, 193 (230 ff.); *Stich*, JuS 1964, 333; *Thieme*, Seite 157 ff.

[7] Vgl. *Fleiner*, §§ 16, Seite 248; *Mayer*, § 15, Seite 158; *Schweickhardt*, DÖV 1965, 795 (796).

[8] *Wolff / Bachof*, § 45, Seite 363.

[9] Vgl. *Bachof*, VVDStRL 30, 193 (232); *Erichsen / Martens*, § 33, Seite 296; *Püttner*, Seite 86 f.; *Stich*, JuS 1964, 333 ff.

[10] Vgl. etwa die Unterschiedliche Einteilung der Verwaltungshandlungen bei *Erichsen / Martens*, § 10, Seite 121 ff., § 33 f., Seite 296 ff.; *Püttner*, Seite 86 f.; *Stern*, Probleme, Seite 60 ff.; *Wolff / Bachof*, § 45, Seite 363 ff.

[11] Vgl. *Krause*, Seite 11 ff., 102 ff.; *Stich*, JuS 1964, 333.

IV. Klagegegenstände der allgemeinen Leistungsklage 37

zeugendsten Versuch unternommen haben, die Vielfalt der Handlungsformen der Verwaltung nach rechtlichen Grundbegriffen zu ordnen[12].

Wolff / Bachof unterscheiden zunächst zwischen tatsächlichen Verwaltungshandlungen — das sind Verwaltungshandlungen „ohne Verbindlichkeit und Regelungsgehalt"[13] — und Verwaltungsrechtshandlungen — das sind „rechtsfolgenbedingende"[14] Verwaltungshandlungen.

1. Verwaltungs-Rechtshandlungen

Zu den wichtigsten Verwaltungs-Rechtshandlungen, die Gegenstand eines Verwaltungsrechtsstreits sein können, gehören die Abgabe von rechtsgeschäftlichen Willenserklärungen, der Erlaß von Rechtsverordnungen und Satzungen sowie der Erlaß von Verwaltungsakten. Von diesen Handlungsformen scheidet der Verwaltungsakt von vornherein als Gegenstand einer allgemeinen Leistungsklage aus. Streitig ist, ob Rechtsverordnungen und Satzungen nicht nur Gegenstand einer Normenkontrollklage nach § 47 VwGO, sondern auch Gegenstand einer allgemeinen Leistungsklage — einer sogenannten „Normenleistungsklage" — sein können[15]. Diese Frage wurde jedoch bereits zu Beginn ausgeklammert, so daß im Rahmen der vorliegenden Untersuchung diese Form des Verwaltungshandelns unberücksichtigt bleiben kann. Von den Verwaltungs-Rechtshandlungen kommt als Gegenstand einer allgemeinen Leistungsklage somit nur die rechtsgeschäftliche Willenserklärung — etwa die Annahme eines Angebots auf Abschluß eines öffentlich-rechtlichen Vertrages durch einen Verwaltungsträger — in Betracht[16].

2. Tatsächliche Verwaltungshandlungen

Von weitaus größerer Bedeutung für die Rechtsschutzfunktion der allgemeinen Leistungsklage sind die tatsächlichen Verwaltungshandlungen, die zuweilen auch als hoheitliche Realakte[17], Verwaltungs-Realakte[18] oder auch als schlichtes Verwaltungshandeln[19] bezeichnet

---

[12] *Wolff / Bachof,* § 36 II, Seite 256 f., § 45, Seite 364 ff. Kritisch hierzu *Thieme,* Seite 158 Fn. 9.
[13] *Wolff / Bachof,* § 45 II, Seite 364.
[14] *Wolff / Bachof,* § 36 II, Seite 256, § 45 II, Seite 365.
[15] Vgl. hierzu *von Barby,* Seite 123 ff.; *Erichsen,* VerwR, Seite 154 f.; *Menger,* VerwArch. 63, 86; *Obermayer,* DVBl. 1965, 625 (632); *Redeker / von Oertzen,* § 42, Rdnr. 159.
[16] Vgl. zu einem solchen Fall *Friehe,* JZ 1980, 516 ff.; *Hoffmann-Becking,* VerwArch. 62, 191 (195 ff.); *Stern,* Probleme, Seite 74.
[17] *Hoffmann,* Seite 15 ff. (18); *Martens,* Rechtsschutz, Seite 11.
[18] *Erichsen / Martens,* § 33, Seite 296; *Erichsen,* VerwR, Seite 178. Vgl. zu diesem Begriff auch *Krause,* Seite 54 ff.

38   A. Die allgemeine Leistungsklage im Verwaltungsrechtsstreit

werden. Hierunter versteht man diejenigen Handlungen verwaltungsrechtlicher Subjekte, „die im Gegensatz zum Verwaltungsakt und zur Willenserklärung nicht final auf die Bewirkung bestimmter Rechtsfolgen gerichtet sind, sondern unmittelbar nur einen tatsächlichen Erfolg herbeiführen"[20]. Dieser tatsächliche Erfolg tritt ohne finale Steuerung ein und kann Bedingung für eine rechtliche Folge sein[21]. So können die tatsächlichen Auswirkungen einer solchen Verwaltungshandlung etwa mittelbar die Rechtssphäre des Bürgers beeinträchtigen und dadurch einen Beseitigungs- oder einen Schadensersatzanspruch auslösen[22].

Obwohl mit dem Begriff „tatsächliche Verwaltungshandlungen" ein breites Spektrum verschiedenster Verwaltungsmaßnahmen[23] zusammengefaßt wird, lassen sich im wesentlichen zwei Erscheinungsformen unterscheiden[24]. Tatsächliche Verwaltungshandlungen können zunächst Verrichtungen rein tatsächlicher Art sein, wie etwa die Auszahlung bestimmter Geldsummen[25], der Betrieb öffentlicher Einrichtungen[26] oder auch die Vorlage[27], Herausgabe bzw. Vernichtung[28] oder Wiederherstellung[29] behördlicher Akten bzw. bestimmter Teile einer solchen Akte. Ferner gehört hierzu auch die Beseitigung von Straßenbauarbeiten durch einen Verwaltungsträger, die dieser etwa auf Privatgrund-

---

[19] *Püttner*, Seite 86; vgl. auch *Tschira / Schmitt-Glaeser*, Seite 231.

[20] *Erichsen / Martens*, § 33, Seite 296; *Erichsen*, VerwR, Seite 178.

[21] So die einhellige Meinung. Vgl. *Hoffmann*, Seite 18 ff.; *Wolff / Bachof*, § 45 II, Seite 364. Vgl. auch die entsprechenden Definitionen für den zivilrechtlichen Begriff des Realaktes bei *Flume*, § 9, Seite 108 ff.; *Lehmann / Hübner*, § 38, Seite 336; *Palandt / Heinrichs*, vor § 104, Anm. 2 d).

[22] Vgl. hierzu allgemein *Erichsen / Martens*, § 34, Seite 297 f.; *Martens*, Rechtsschutz, Seite 10, 24 ff.; *Wolff / Bachof*, § 45 II, Seite 364; BVerwG vom 25. 8. 1971, DVBl. 1971, 858; BayVGH vom 22. 2. 1980, DÖV 1980, 766.

[23] Vgl. etwa die Beispiele bei *Tschira / Schmitt-Glaeser*, Seite 233 ff.

[24] Vgl. auch *Erichsen / Martens*, § 33, Seite 296 f.; *Stern*, Probleme, Seite 60 ff.

[25] *Wolff / Bachof*, § 45 II, Seite 364.

[26] Vgl. *Martens*, Rechtsschutz, Seite 12 ff.; *Püttner*, Seite 26 ff., 87; *Ule / Fittschen*, JZ 1965, 315 ff.; OVG Koblenz vom 18. 6. 1970, VerwRspr. 22, 182.

[27] Vgl. *Perschel*, JuS 1966, 231 (232); *Stern*, Probleme, Seite 60; BVerwG vom 30. 6. 1961, BVerwGE 12, 296; OVG Koblenz vom 10. 4. 1963, DÖV 1963, 553; vgl. auch OVG Münster vom 11. 12. 1974, NJW 1975, 1335.

[28] Vgl. hierzu *Holland*, JuS 1968, 559; *Martens*, Rechtsschutz, Seite 16; *Stern*, Probleme, Seite 73; *Redeker / von Oertzen*, § 42, Rdnr. 158; BVerwG vom 9. 2. 1967, NJW 1967, 1192; BVerwG vom 8. 4. 1976, MDR 1977, 77; BVerwG vom 31. 1. 1980, DVBl. 1980, 457; OVG Hamburg vom 13. 5. 1976, MDR 1977, 80; VGH Kassel vom 13. 1. 1977, NJW 1977, 692; OVG Lüneburg vom 29. 7. 1971, DVBl. 1972, 47; VGH Mannheim vom 13. 2. 1973, NJW 1973, 1163; OVG Münster vom 26. 4. 1972, NJW 1972, 2147; VG Darmstadt vom 12. 6. 1980, NJW 1981, 69.

[29] Vgl. hierzu BVerwG vom 10. 9. 1968, BVerwGE 33, 183; OVG Münster vom 5. 12. 1974, GewArch. 1975, 350.

IV. Klagegegenstände der allgemeinen Leistungsklage

stücken ohne vorherige Inanspruchnahme durchgeführt hat[30], sowie eines Spielplatzes, der ohne Verwaltungsakt errichtet worden ist[31].

Daneben gibt es aber auch solche tatsächlichen Verwaltungshandlungen, die eine schriftliche oder mündliche „Wissenserklärung"[32] oder Mitteilung des jeweiligen Verwaltungsträgers enthalten, ohne dabei auf den finalen Eintritt einer Rechtsfolge gerichtet zu sein. Hierzu zählen z. B. die Erstellung, Veröffentlichung oder der Widerruf behördlicher Gutachten[33] und Untersuchungsberichte[34], die Erteilung von Auskünften ohne Bindungswirkung[35], die Abgabe dienstlicher Beurteilungen über einen Beamten[36], die sogenannte Umsetzung eines Beamten[37] oder auch die Ausstrahlung von Rundfunk- und Fernsehsendungen[38], sofern man mit der überwiegenden Ansicht davon ausgeht, daß die öffentlich-rechtlichen Rundfunkanstalten in Wahrnehmung ihrer Programmfunktion auf dem Gebiete des öffentlichen Rechts tätig sind[39].

Es bietet sich an, diese Erscheinungsformen der tatsächlichen Verwaltungshandlungen mit dem von *Stern* geprägten Begriff der „schlich-

---

[30] Vgl. zu einem solchen Fall *Erichsen*, VerwR, Seite 171 ff.

[31] Vgl. VGH Kassel vom 3. 2. 1981, NJW 1981, 2315.

[32] *Erichsen / Martens*, § 33, Seite 297.

[33] Vgl. hierzu *Erichsen / Martens*, § 33, Seite 297; *Stern*, Probleme, Seite 61; *Wolff / Bachof*, § 45 II, Seite 365; BVerwG vom 8. 5. 1970, NJW 1970, 1990; BVerwG vom 2. 7. 1979, MDR 1980, 165; OVG Koblenz vom 29. 1. 1969, VerwRspr. 21, 122.

[34] Vgl. hierzu *Fichtmüller*, Seite 45 ff.; *Martens*, Rechtsschutz, Seite 16; *Wendt*, DÖV 1963, 89 ff. (92); ders., DVBl. 1970, 502; BVerwG vom 20. 7. 1962, DÖV 1962, 704; BVerwG vom 18. 4. 1969, NJW 1969, 1980; OVG Münster vom 9. 5. 1978, DÖV 1979, 682.

[35] Vgl. *Erichsen / Martens*, § 33, Seite 297; *Kopp*, § 42, Rdnr. 53; *Menger*, VerwArch. 60, 388; *Perschel*, JuS 1966, 231; *Stern*, Probleme, Seite 61; *Tschira / Schmitt-Glaeser*, Seite 234; *Wolff / Bachof*, § 45 II, Seite 365; BVerwG vom 25. 2. 1969, NJW 1969, 1132; BVerwG vom 29. 11. 1974, NJW 1975, 1333; OVG Berlin vom 26. 9. 1975, DVBl. 1976, 266; OVG Münster vom 28. 6. 1972, NJW 1973, 110.

[36] Vgl. hierzu *Kopp*, § 42, Rdnr. 53, 71; *Selmer*, DÖV 1968, 342 (343); *Zimmermann*, VerwArch. 62, 48 (79); BVerwG vom 9. 11. 1967, DVBl. 1968, 640; BVerwG vom 28. 10. 1970, DVBl. 1971, 405; BVerwG vom 13. 11. 1975, NJW 1976, 1281.

[37] BVerwG vom 22. 5. 1980, NJW 1981, 67.

[38] Vgl. hierzu *Buri*, NJW 1972, 705 (706); BVerwG vom 26. 4. 1978, DVBl. 1978, 640.

[39] So *Bethge*, VerwArch. 63, 152; ders., NJW 1973, 1508; *Buri*, NJW 1972, 705; *Erichsen*, VerwArch. 62, 181 (184); *Martens*, Rechtsschutz, Seite 17 ff.; *Stern*, Probleme, Seite 27; vgl. auch BVerfG vom 27. 7. 1971, NJW 1971, 1739; BVerwG vom 26. 4. 1978, DVBl. 1978, 640. a. A. *Benke*, JuS 1972, 257; *Fette*, NJW 1971, 2210; *Lorenz*, BayVBl. 1971, 52; *Schmidt*, NJW 1970, 2026; BGH vom 6. 4. 1976, NJW 1976, 1198; OLG Frankfurt vom 24. 9. 1970, NJW 1971, 47; OLG Köln vom 9. 1. 1973, NJW 1973, 858. Vgl. zu der Problematik des Rechtsweges auch *Bettermann*, NJW 1977, 513, der die Gegensätze in der obergerichtlichen Rechtsprechung herausstellt.

ten Verwaltungsäußerung"[40] zu bezeichnen. In diesem Oberbegriff kommt zum Ausdruck, daß es sich dabei um eine Handlungsform handelt, die einerseits kein Verwaltungsakt ist, andererseits aber eine schriftliche oder mündliche Äußerung eines Verwaltungsträgers enthält. Demgegenüber sollen diejenigen Verwaltungshandlungen, die einerseits ebenfalls keine Verwaltungsakte sind, die andererseits aber dieses erklärende Moment nicht enthalten, insoweit rein tatsächliche Verrichtungen sind, als „hoheitliche Realakte" bezeichnet werden[41]. Dabei wird nicht verkannt, daß auch die schlichten Verwaltungsäußerungen dem rechtlichen Grundbegriff des Realaktes zuzuordnen sind. Im Rahmen einer Systematisierung der unterschiedlichen Formen des tatsächlichen Verwaltungshandelns soll jedoch eine begriffliche Ausgliederung derjenigen Verwaltungshandlungen vorgenommen werden, die eine Äußerung eines Verwaltungsträgers enthalten, da gerade diese Handlungsform häufig vorkommt und folglich für das Verhältnis zwischen dem Bürger und der Verwaltung von besonderer Bedeutung ist[42].

Faßt man die bisherigen Überlegungen zum Klagegegenstand einer allgemeinen Leistungsklage zusammen, so läßt sich die eingangs aufgestellte These, diejenigen Verwaltungshandlungen könnten Gegenstand dieser Klageart sein, die keine Verwaltungsakte sind, wie folgt präzisieren:

Als mögliche Klagegegenstände einer allgemeinen Leistungsklage eines Bürgers gegen einen Verwaltungsträger kommen die Vornahme hoheitlicher Realakte und schlichter Verwaltungsäußerungen sowie die Abgabe rechtsgeschäftlicher Willenserklärungen in Betracht.

3. Dulden und Unterlassen

Den bisher dargestellten Verwaltungshandlungen ist gemeinsam, daß sie ein „gewolltes äußeres Verhalten"[43] beinhalten. Der jeweilige Verwaltungsträger wird bei diesen Handlungen — etwa der Auszahlung von Geld, der Erteilung von Auskünften oder dem Widerruf von bestimmten Erklärungen — aktiv tätig, wobei dieses Tätigwerden in den beschriebenen Fällen Gegenstand einer allgemeinen Leistungsklage des Bürgers sein kann. Der allgemeine juristische Handlungsbegriff erschöpft sich jedoch nicht in der Umschreibung eines Tuns. Auch ein Untätigbleiben — nämlich ein Dulden oder Unterlassen — wird als

---

[40] *Stern*, BayVBl. 1957, 86 ff.; ders., Probleme, Seite 59; vgl. auch *Haueisen*, NJW 1961, 1901; *Reifenrath*, Seite 38 f.

[41] Ähnlich auch *Stern*, Probleme, Seite 58.

[42] Vgl. auch die ähnliche Einteilung bei *Erichsen / Martens*, § 33, Seite 296; *Wolff / Bachof*, § 45 II, Seite 364 f.

[43] Zu diesem Begriff *Lehmann / Hübner*, § 20 IV, Seite 132.

IV. Klagegegenstände der allgemeinen Leistungsklage

Handlung im juristischen Sinne angesehen[44]. Dementsprechend kann auch ein Verwaltungsträger dadurch handeln, daß er eine bestimmte Tätigkeit eines Bürgers duldet oder die Vornahme einer positiven Verwaltungshandlung unterläßt[45]. Hierbei kann das Dulden als eine Art Unterform des Unterlassens angesehen werden; denn wenn ein Rechtssubjekt eine bestimmte Handlung duldet, unterläßt es gleichzeitig ein entgegenstehendes positives Tun.

Fraglich ist, ob auch diese Form des Verwaltungshandelns — das bewußte und gewollte Untätigbleiben eines Verwaltungsträgers — Gegenstand einer allgemeinen Leistungsklage sein kann.

Vor Inkrafttreten der VwGO war umstritten, ob der Bürger überhaupt verwaltungsgerichtlichen Rechtsschutz beanspruchen konnte, wenn er von einem Verwaltungsträger die Unterlassung positiver Verwaltungshandlungen verlangte[46]. Inzwischen hat sich jedoch die Ansicht durchgesetzt, daß sowohl Art. 19 Abs. 4 GG als auch § 40 Abs. 1 Satz 1 VwGO dem Bürger verwaltungsgerichtlichen Rechtsschutz auch gegenüber dieser Form des Verwaltungshandelns garantieren[47], und zwar auch dann, wenn der Bürger den Nichterlaß eines bestimmten Verwaltungsaktes verlangt[48]. Soweit die Verwaltungshandlung, deren Unterlassung der Bürger beansprucht, nicht im Erlaß eines Verwaltungsaktes besteht, wird nahezu einhellig die allgemeine Leistungsklage für statthaft gehalten[49].

---

[44] Vgl. *Lehmann / Hübner*, § 20 IV, Seite 132.

[45] Vgl. *Wolff / Bachof*, § 45 I, Seite 363 f.

[46] Vgl. die Nachweise bei *Haug*, DÖV 1967, 86; *Holland*, Klage, Seite 11 f.; *Naumann*, Rechtsschutz, Seite 391 ff.; *Schenke*, AÖR 95, 226 ff.

[47] Vgl. *Eyermann / Fröhler*, § 42, Rdnr. 23 ff.; *Erichsen*, VerwArch. 62, 418; *Haug*, DÖV 1967, 86; *Holland*, Klage, Seite 38 ff.; *Maetzel*, DVBl. 1974, 335; *Müller-Volbehr*, DVBl. 1976, 57, 61; *Obermayer*, Prozeßrecht, Seite 349; *Rabeneck*, Seite 59 ff., 126 ff.; *Redeker / von Oertzen*, § 42, Rdnr. 162; *Schenke*, AÖR 95, 223 ff.; *Stern*, Probleme, Seite 72 ff.; *Ule*, Prozeßrecht, § 32, Seite 128 f.; *ders.*, VerwArch. 65, 291 (298 ff.); BVerwG vom 4. 6. 1970, NJW 1970, 1760; BVerwG vom 16. 4. 1971, DVBl. 1971, 746; BVerwG vom 8. 2. 1974, NJW 1974, 1207; BVerwG vom 26. 4. 1978, DVBl. 1978, 640; BVerwG vom 13. 12. 1979, DVBl. 1980, 564; BayVGH vom 26. 10. 1976, BayVBl. 1977, 303; OVG Hamburg vom 7. 7. 1971, NJW 1972, 72; VGH Kassel vom 6. 3. 1968, DVBl. 1968, 811; OVG Lüneburg vom 26. 8. 1971, DVBl. 1971, 421; VGH Mannheim vom 10. 5. 1973, NJW 1973, 1519; OVG Münster vom 28. 10. 1970, DÖV 1971, 392. Vgl. auch BFH vom 13. 9. 1972, BFHE 107, 253. Im Grundsatz kritisch OVG Saarland vom 7. 7. 1978, BauR 1978, 467.

[48] Insoweit a. A. *Bettermann*, Rechtsschutz, Seite 194 ff.; *Folger*, Seite 110; *Kopp*, § 42, Rdnr. 8; *Tschira / Schmitt-Glaeser*, Seite 191 f.; *Wolff*, § 172 II, Seite 398. Offenlassend *Stern*, Probleme, Seite 72.

[49] So die h. M., vgl. *Bettermann*, Rechtsschutz, Seite 185; *Martens*, Rechtsschutz, Seite 22; *Obermayer*, Prozeßrecht, Seite 349; *Redeker / von Oertzen*, § 42, Rdnr. 162; *Stern*, Probleme, Seite 72 ff.; *Tschira / Schmitt-Glaeser*, Seite 232 f.; *Ule*, Verwaltungsgerichtsbarkeit, vor § 42, Anm. III; BVerwG vom 20. 7. 1962, DÖV 1962, 704; BVerwG vom 26. 4. 1978, DVBl. 1978, 640; VGH Kassel

42 A. Die allgemeine Leistungsklage im Verwaltungsrechtsstreit

Demgegenüber wird die Klage auf Nichterlaß eines Verwaltungsaktes vereinzelt als Unterfall der Verpflichtungsklage[50] oder als „Quasi-Verpflichtungsklage"[51] angesehen. Dies wird damit begründet, „die Spaltung der verwaltungsprozessualen Leistungsklagen in Verpflichtungsklage und allgemeine Leistungsklage müsse dementsprechend für die negative Leistungsklage, die Unterlassungsklage, beachtet werden"[52]. Nur soweit sich eine Unterlassungsklage auf Verwaltungshandlungen beziehe, die keine Verwaltungsakte sind, sei eine allgemeine Leistungsklage statthaft. Da das gerichtliche Verbot an einen Verwaltungsträger, einen bestimmten Verwaltungsakt zu erlassen, einen weitreichenden Eingriff der Judikative in den Handlungsbereich der Exekutive darstelle, müsse dem jeweiligen Verwaltungsträger im Falle eines Rechtsstreits die Verfahrensposition erhalten bleiben, die ihm die VwGO z. B. durch §§ 68 ff., 167 Abs. 2 VwGO bei den verwaltungsaktbezogenen Streitigkeiten einräume. Daher seien bei einer Klage auf Nichterlaß eines Verwaltungsaktes die besonderen Verfahrensvorschriften für die Verpflichtungsklage zumindest entsprechend anzuwenden[53].

Es gilt hier jedoch zu bedenken, daß der Anwendungsbereich der Verpflichtungsklage auf Verwaltungshandlungen beschränkt ist, die eine einseitige hoheitliche Regelung eines Sachverhaltes enthalten. Wenn ein Verwaltungsträger aber den Erlaß eines angekündigten Verwaltungsaktes unterläßt, so enthält dieses rein passive Verhalten keine Regelung gegenüber dem Bürger. Diese „Handlung" führt unmittelbar keine Rechtsfolge herbei und gehört folglich begrifflich zu den tatsächlichen Verwaltungshandlungen. Insoweit unterscheidet sich das bloß passive Verhalten beim Unterlassen eines Verwaltungsaktes von der Erklärung eines Verwaltungsträgers, einen vom Bürger beantragten Verwaltungsakt nicht zu erlassen. Diese Erklärung enthält eine Regelung, da der Verwaltungsträger damit die vom Bürger beanspruchte

---

vom 6. 3. 1968, DVBl. 1968, 811; OVG Lüneburg vom 24. 11. 1970, DVBl. 1971, 515; OVG Münster vom 16. 10. 1968, DVBl. 1969, 560; a. A. *Eyermann / Fröhler*, § 42, Rdnr. 23 und *Maunz*, BayVBl. 1971, 400, die diese Klage als Verpflichtungsklage ansehen; ähnlich *Kopp*, § 42, Rdnr. 8, der diese Klage als Verpflichtungsklage auf Erlaß eines VA's mit der Zusicherung ansieht, daß ein VA mit dem vom Kläger befürchteten Inhalt nicht ergehen wird.

[50] *Eyermann / Fröhler*, § 42, Rdnr. 23; *Schenke*, AÖR 95, 223 (245 ff., 249); OVG Lüneburg vom 26. 8. 1970, DVBl. 1971, 421 f. Im Ergebnis ebenso *Kopp*, § 42, Rdnr. 8. Auch *Folger*, Seite 110 f. und *Tschira / Schmitt-Glaeser*, Seite 191 ff., sehen diese Form der Unterlassungsklage als Verpflichtungsklage an. Da aber eine negative Verpflichtungsklage in der VwGO nicht vorgesehen ist, folgern sie hieraus, eine solche Klage sei unzulässig.

[51] So *Schenke*, AÖR 95, 249.

[52] OVG Lüneburg vom 26. 8. 1970, DVBl. 1971, 421 (422).

[53] *Schenke*, AÖR 95, 247 ff. Ablehnend u. a. *Müller-Volbehr*, DVBl. 1976, 57, 63 f.

Regelung eines Einzelfalles einseitig und verbindlich ablehnt und nicht lediglich untätig bleibt.

Es kann auch eine bestimmte Fallsituation eintreten, in der ein Bürger den Erlaß eines Verwaltungsaktes, etwa einer Baugenehmigung, und ein anderer Bürger, etwa sein Nachbar, beantragt, den Erlaß dieser Genehmigung zu unterlassen[54]. Lehnt der Verwaltungsträger in einem solchen Fall den Erlaß der beantragten Genehmigung ab, so regelt er damit das Rechtsverhältnis zu dem ursprünglichen Antragsteller, da dessen angeblicher Anspruch auf Erlaß eines Verwaltungsaktes verbindlich abgelehnt wird. Gegenüber dem Dritten tritt durch den Nichterlaß des Verwaltungsaktes jedoch keinerlei Regelung ein, da diesem gegenüber keine einseitige verbindliche Entscheidung getroffen wird[55]. In diesem Verhältnis erschöpft sich die Handlung der Behörde — der Nichterlaß des Verwaltungsaktes — in rein tatsächlicher Passivität.

Da somit der bloße Nichterlaß eines Verwaltungsaktes lediglich eine tatsächliche Verwaltungshandlung ist, kann diese Form des Verwaltungshandelns nach dem Rechtsschutzsystem der VwGO nicht Gegenstand einer Verpflichtungsklage sein.

Die besonderen Verfahrensvorschriften des 8. Abschnitts der VwGO sind bei einer auf Unterlassung eines Verwaltungsaktes gerichteten Klage auch nicht entsprechend anwendbar. Ein Widerspruchsverfahren kann nämlich vor Erlaß eines Verwaltungsaktes nicht durchgeführt werden, da ein Widerspruch und das dadurch eingeleitete Verfahren ein bestimmtes rechtliches Angriffsobjekt, nämlich einen Verwaltungsakt, voraussetzen[56]. Die rein behördeninterne Überlegung, eine bestimmte Verwaltungsmaßnahme vorzunehmen oder nicht vorzunehmen, kann in einem Widerspruchsverfahren weder auf ihre Recht- noch Zweckmäßigkeit überprüft werden[57]. Hiervon ist auch der Gesetzgeber der VwGO in § 75 ausgegangen. Denn wenn eine Behörde über den Antrag eines Bürgers, einen bestimmten Verwaltungsakt zu erlassen, innerhalb einer angemessenen Frist nicht entscheidet, sondern sich rein passiv verhält, es also ebenfalls an einer überprüfbaren Vorentscheidung der Behörde fehlt, kann der Bürger gemäß § 75 VwGO Klage erheben, ohne zuvor ein Widerspruchsverfahren in Gang zu

---

[54] Vgl. z. B. BVerwG vom 16. 4. 1971, DVBl. 1971, 746; OVG Saarland vom 7. 7. 1978, BauR 1978, 467.
[55] Vgl. *Redeker / von Oertzen*, § 42, Rdnr. 159 m. w. N.; *Ule*, Verwaltungsgerichtsbarkeit, vor § 42, Anm. II.
[56] *Bettermann*, Rechtsschutz, Seite 195; *Ule*, VerwArch. 65, 291 (308).
[57] Vgl. *Müller-Volbehr*, DVBl. 1976, 57, 63; *Obermayer*, Prozeßrecht, Seite 367.

setzen[58]. Die Klage auf Unterlassung eines Verwaltungsaktes ist somit weder eine Verpflichtungsklage noch eine „Quasi-Verpflichtungsklage", sondern eine allgemeine Leistungsklage[59].

Auch wenn ein Verwaltungsträger ein bestimmtes Verhalten eines Bürgers duldet, so enthält diese Verwaltungshandlung gegenüber dem Bürger keine Regelung. Wie beim Unterlassen eines Verwaltungsaktes bleibt die Behörde in einem solchen Fall lediglich passiv, ohne eine bestimmte Rechtsfolge zu bewirken. Auch das Dulden seitens eines Verwaltungsträgers gehört somit begrifflich zu den tatsächlichen Verwaltungshandlungen. Begehrt der Bürger daher verwaltungsgerichtlichen Rechtsschutz gegenüber einem Verwaltungsträger mit dem Antrag, diesen zu verurteilen, ein bestimmtes Verhalten des Bürgers — etwa die Ausübung eines Notwegrechtes über ein öffentlichen Zwekken dienendes und gewidmetes Grundstück[60] — zu dulden, so stellt ihm die VwGO wie bei der Klage auf Unterlassung bestimmter Verwaltungshandlungen die allgemeine Leistungsklage zur Verfügung. Die in einem Dulden oder Unterlassen bestehenden Verwaltungshandlungen komplettieren insoweit den bereits beschriebenen Kreis der möglichen Klagegegenstände einer allgemeinen Leistungsklage.

V. Erscheinungsformen der allgemeinen Leistungsklage

Allen denkbaren Fallkonstellationen, die einer allgemeinen Leistungsklage eines Bürgers gegen einen Träger öffentlicher Verwaltung zugrunde liegen, ist gemeinsam, daß das Rechtsschutzbegehren des Bürgers im Ergebnis auf die Vornahme einer Verwaltungshandlung — nämlich ein positives Tun, Dulden oder Unterlassen — gerichtet ist. Trotz dieser Gemeinsamkeit im Rechtsschutzziel lassen sich von der Rechtsschutzfunktion her verschiedene Formen der allgemeinen Leistungsklage unterscheiden.

---

[58] Vgl. hierzu *Bettermann*, Rechtsschutz, Seite 195; *Rabeneck*, Seite 157; *Weides*, JuS 1964, 314 (316); BVerwG vom 16. 4. 1971, DVBl. 1971, 746 (747).

[59] So auch die h. M., vgl. *Erichsen*, VerwArch. 62, 419; *Erichsen / Martens*, § 34, Seite 298; *Maetzel*, DVBl. 1974, 335 (337); *Menger*, VerwArch. 59, 179; *Müller-Volbehr*, DVBl. 1976, 57, 63; *Obermayer*, Prozeßrecht, Seite 349; *Rabeneck*, Seite 144 f.; *Redeker / von Oertzen*, § 42, Rdnr. 162; *Schunck / De Clerck*, § 42, Anm. 4 f.; *Ule*, VerwArch. 65, 308; *ders.*, Prozeßrecht, § 32, Seite 129; BVerwG vom 16. 4. 1971, DVBl. 1971, 747. OVG Saarland vom 7. 7. 1978, BauR 1978, 467, verneint jedoch für den Normalfall die Zulässigkeit vorbeugenden Rechtsschutzes gegen Verwaltungsakte.

[60] Vgl. zu einem solchen Fall *Stern*, Probleme, Seite 24; BGH vom 25. 4. 1969, NJW 1969, 1437; OLG Koblenz vom 18. 3. 1981, MDR 1981, 671.

1. Klagen, gerichtet auf ein positives Tun eines Verwaltungsträgers

Soweit eine allgemeine Leistungsklage auf ein positives Tun eines Verwaltungsträgers gerichtet ist, kann der Bürger mit dieser Klageart zunächst verwaltungsgerichtlichen Rechtsschutz gegenüber solchen Verwaltungshandlungen geltend machen, deren Auswirkungen ihn in seiner Rechtssphäre beeinträchtigen, also insoweit belastender Natur sind. Das seitens des Bürgers vom Verwaltungsträger geforderte positive Tun besteht in diesen Fällen in der Beseitigung der belastenden Verwaltungsmaßnahme bzw. ihrer rechtsbeeinträchtigenden Folgen. Dieses positive Tun kann etwa in der Beseitigung eines Straßenteils bestehen, das ohne Zustimmung des Eigentümers auf privatem Gelände errichtet worden ist[1] oder z. B. im Widerruf einer ehrkränkenden oder geschäftsschädigenden Behauptung einer Behörde[2].

Es sind aber auch Streitigkeiten vorstellbar, bei denen die bloße Beseitigung der einen Bürger belastenden Verwaltungsmaßnahme, seinem Rechtsanliegen nicht gerecht wird. Dies ist dann der Fall, wenn eine Verwaltungsmaßnahme lediglich infolge ihrer konkreten inhaltlichen Ausgestaltung den Bürger mittelbar in seinen Rechten tangiert, diese Rechtsbeeinträchtigung bei einer Änderung der Maßnahme jedoch wegfällt. In einem solchen Fall besteht das positive Tun, auf das eine allgemeine Leistungsklage zu richten wäre, in der Änderung der den Bürger belastenden Verwaltungsmaßnahme. So kann eine allgemeine Leistungsklage z. B. auf Änderung einer Dienstpostenbewertung[3] oder dienstlichen Beurteilung[4] eines Beamten[5] oder auch auf Verbesserung

---

[1] Vgl. zu einem solchen Fall BVerwG vom 25. 8. 1971, NJW 1972, 269; *Erichsen*, VerwR, Seite 171 ff.; *Martens*, Rechtsschutz, Seite 12; *Stern*, Probleme, Seite 24. Vgl. auch den ähnlichen Sachverhalt bei BayVGH vom 22. 1. 1978, DÖV 1978, 766 und BayVGH vom 15. 3. 1978, DÖV 1978, 928 sowie bei OVG Münster vom 21. 7. 1976, Az. XIII A 1891/75 und VGH Kassel vom 3. 2. 1981, NJW 1981, 2315.

[2] Vgl. zu dieser Fallgruppe *Erichsen / Hoffmann-Becking*, JuS 1971, 144; *Evers*, DVBl. 1965, 449; *Müller-Volbehr*, DVBl. 1976, 57; *Redeker / von Oertzen*, § 42, Rdnr. 52 und 54; *Schade*, Seite 37 ff.; BVerwG vom 20. 7. 1962, DÖV 1962, 704; BVerwG vom 8. 5. 1970, NJW 1970, 1990; BVerwG vom 8. 7. 1970, DVBl. 1971, 578; BayVGH vom 11. 3. 1964, DVBl. 1965, 447; OVG Lüneburg vom 28. 5. 1974, NJW 1975, 76; OVG Münster vom 4. 10. 1966, DVBl. 1967, 51; BGH vom 19. 12.1960, DÖV 1961, 751; OLG Köln vom 19. 11. 1951, DVBl. 1952, 309, Anm. *Bettermann*, DVBl. 1952, 309.

[3] Vgl. zu dieser Fallgruppe *Lemhöfer*, DVBl. 1969, 85; *Mayer*, DVBl. 1970, 651; BVerwG vom 28. 10. 1970, BVerwGE 36, 192; BVerwG vom 28. 10. 1970, BVerwGE 36, 218; BVerwG vom 8. 12. 1972; BVerwGE 41, 253; VG Braunschweig vom 13. 6. 1968, DVBl. 1969, 83; VG Würzburg vom 12. 6. 1969, DVBl. 1970, 699.

[4] Vgl. zu dieser Fallgruppe *König*, BayVBl. 1971, 44; *Redeker / von Oertzen*, § 42, Rdnr. 73; *Ule*, Verwaltungsgerichtsbarkeit, § 42, Anm. 4; *Zimmermann*, VerwArch. 62, 48 (70); BVerwG vom 9. 11. 1967, DVBl. 1968, 640; BVerwG vom

einer einzelnen Note im Zeugnis eines Schülers[6] gerichtet sein. Da sowohl die Beseitigungsklage[7] als auch die Änderungsklage in ihrem Rechtsschutzziel auf die Abwehr belastender Verwaltungsmaßnahmen, die keine Verwaltungsakte sind, gerichtet sind, kann man diese Erscheinungsformen der allgemeinen Leistungsklage als „Abwehrklage"[8] bezeichnen.

Hiervon sind solche Rechtsstreitigkeiten zu unterscheiden, bei denen das positive Tun, zu dem ein Verwaltungsträger mittels einer allgemeinen Leistungsklage verurteilt werden soll, in der bloßen Vornahme einer Verwaltungsmaßnahme liegt, die infolge ihrer tatsächlichen Wirkungen den Rechtskreis des Bürgers mittelbar oder unmittelbar erweitert. Hierzu gehören die Klage auf Zahlung einer bestimmten Geldsumme, auf Erteilung bestimmter Informationen[9], auf Bescheidung einer Petition[10] oder auch auf Abgabe einer rechtsgeschäftlichen Willenserklärung[11]. Diese Erscheinungsform der allgemeinen Leistungsklage kann man im Gegensatz zur Abwehrklage als „Vornahmeklage"[12] bezeichnen.

a) Abwehrklagen des Bürgers gegen einen Verwaltungsträger

Da sich der Bürger mit einer Abwehrklage gegenüber belastenden Verwaltungsmaßnahmen zur Wehr setzen kann, weist diese Form der allgemeinen Leistungsklage Ähnlichkeiten mit der Anfechtungsklage auf. Mit ihr kann der einzelne zunächst verwaltungsgerichtlichen

---

13. 11. 1975, NJW 1976, 1281; BayVGH vom 29. 9. 1958, BayVBl. 1958, 383. Vgl. auch den Sachverhalt bei VG Darmstadt vom 12. 6. 1980, NJW 1981, 69.

[5] Beide Verwaltungshandlungen sind nach h. A. keine VA'e. Vgl. *Lemhöfer*, DVBl. 1969, 85; *Redeker / von Oertzen*, § 42, Rdnr. 74; *Wolff / Bachof*, § 112 II, Seite 515; *Zimmermann*, VerwArch. 62, 48 (70).

[6] Vgl. hierzu *Czermak*, NJW 1964, 939; *Holland*, DVBl. 1968, 245 (246); *Ule*, NJW 1964, 939; *Zimmermann*, VerwArch. 62, 67 f.; OVG Münster vom 15. 11. 1974, DÖV 1975, 358; VG Berlin vom 18. 4. 1963, NJW 1964, 939; VG Wiesbaden vom 20. 6. 1963, NJW 1963, 2140. Vgl. hierzu auch *Kopp*, § 42, Rdnr. 17.

[7] Vgl. hierzu diesen Begriff *Müller-Volbehr*, DVBl. 1976, 57, 59 ff.

[8] Vgl. *Fichtmüller*, Seite 93; *Tschira / Schmitt-Glaeser*, Seite 232.

[9] Vgl. zu dieser Fallgruppe *Menger*, VerwArch. 60, 385; *Perschel*, JuS 1966, 232 f.; *Reifenrath*, Seite 2 ff., 71 ff.; BVerwG vom 29. 11. 1974, NJW 1975, 1333; OVG Koblenz vom 10. 4. 1963, DÖV 1963, 553.

[10] Auch der Petitionsbescheid ist nach h. M. VA. Vgl. *Hamann*, NJW 1957, 793; *Kratzer*, BayVBl. 1966, 369; *F. Mayer*, Seite 96; *von Mutius*, VerwArch. 70, 165; *Obermayer*, VA, Seite 65; *Schmidt / Bleibtreu / Klein*, Art. 17, Rdnr. 7; *Stern*, Probleme, Seite 4, 62; BVerwG vom 1. 9. 1976, NJW 1977, 118; OVG Hamburg vom 20. 8. 1965, DVBl. 1967, 86; OVG Berlin vom 26. 8. 1975, DVBl. 1976, 261; OVG Münster vom 25. 7. 1978, NJW 1979, 281; a. A. *Dagtoglou*, in Bonner Kommentar, Art. 17, Rdnr. 139 f.; *Hamann / Lentz*, Art. 17, Anm. 1; *Kopp*, § 42, Rdnr. 44; *Maunz / Dürig*, Art. 17, Rdnr. 80 ff. Vgl. zum Rechtsweg BVerwG vom 28. 11. 1975, NJW 1976, 637.

[11] Vgl. hierzu *Hoffmann-Becking*, VerwArch. 62, 191; *Friehe*, JZ 1980, 516.

[12] Vgl. *Fichtmüller*, Seite 93; *Tschira / Schmitt-Glaeser*, Seite 231.

V. Erscheinungsformen der allgemeinen Leistungsklage

Rechtsschutz gegenüber Rechtsbeeinträchtigungen durch „hoheitliche Realakte" und „schlichte Verwaltungsäußerungen"[13] eines Trägers öffentlicher Gewalt geltend machen.

Theoretisch vorstellbar wäre es auch, daß sich der Bürger durch die Abgabe einer rechtsgeschäftlichen Willenserklärung eines Verwaltungsträgers im Rahmen eines öffentlich-rechtlichen Schuldverhältnisses in seinen Rechten verletzt fühlt. In einem solchen Fall wäre auch eine Abwehrklage — gerichtet auf Zurücknahme oder Änderung einer Willenserklärung — denkbar.

Während jedoch ein Rechtsstreit mit dieser Fallkonstellation nur theoretisch vorstellbar erscheint, sind Abwehrklagen des Bürgers auf Beseitigung oder Änderung „hoheitlicher Realakte" und „schlichter Verwaltungsäußerungen" infolge der Vielfalt dieser Form des Verwaltungshandelns von großer praktischer Bedeutung. Der Bürger kann z. B. eine Abwehrklage erheben, wenn er gegenüber Immissionen einer Verwaltungseinrichtung[14], die der Erfüllung öffentlich-rechtlicher Aufgaben dient, verwaltungsgerichtlichen Rechtsschutz[15] beansprucht. Zu einer solchen Klage kann es etwa kommen, wenn sich jemand durch üble Gerüche einer öffentlichen Bedürfnis-[16] oder Tierkörperverwertungsanstalt[17], durch die Geräuschentwicklung eines städtischen Wasserbrunnens[18] oder Jahrmarktes[19] oder durch Störungen in einer gemeindlichen Klär-[20] oder Kanalisationsanlage[21] in seinen Rechten verletzt fühlt. In solchen Streitigkeiten, die durch Immissionen einer Verwaltungseinrichtung ausgelöst werden, richtet sich die Abwehrklage gegen hoheitliche Realakte[22].

---

[13] Vgl. zu diesen Begriffen oben, A. IV. 2.

[14] Vgl. zu solchen Streitigkeiten *Memmert*, Seite 1 ff.; 180 ff.; *Müller*, Seite 185 f.; *Ule / Fittschen*, JZ 1965, 316; BVerwG vom 2. 11. 1973, DÖV 1974, 132; VGH Kassel vom 3. 2. 1981, NJW 1981, 235; BGH vom 17. 11. 1967, DVBl. 1968, 148; BGH vom 2. 6. 1969, DVBl. 1969, 623. Zur Klageart vgl. insbesondere *Memmert*, Seite 261; *Ule / Fittschen*, JZ 1965, 318.

[15] Zum Rechtsweg bei solchen Immissionsstreitigkeiten vgl. *Kopp*, § 40, Rdnr. 29; *Martens*, Immissionen, Seite 88 f.; *ders.*, Rechtsschutz, Seite 13 ff.; *ders.*, DVBl. 1968, 150; *Memmert*, Seite 252 ff.; *Redeker / von Oertzen*, § 40, Rdnr. 27; *Ule / Fittschen*, JZ 1965, 315; *Wolff / Bachof*, § 22 III, Seite 102; BVerwG vom 2. 11.1973, DÖV 1974, 132 (133); BGH vom 2. 6. 1969, DVBl. 1969, 623; BGH vom 12. 12. 1975, NJW 1976, 570.

[16] Vgl. zu einem solchen Fall RG vom 10. 7. 1900, JW 1900, 639.

[17] Vgl. hierzu *Ule / Fittschen*, JZ 1965, 316.

[18] Vgl. hierzu BGH vom 17. 11. 1967, DVBl. 1968, 148 mit Anm. *Martens*, DVBl. 1968, 150; *Memmert*, Seite 181.

[19] Vgl. hierzu BGH vom 18. 3. 1964, JZ 1965, 313 mit Anm. *Ule / Fittschen*, JZ 1965, 315; *Memmert*, Seite 223 f.

[20] Vgl. zu einem solchen Fall BVerwG vom 2. 11. 1973, DÖV 1974, 132.

[21] Vgl. zu solchen Fällen *Memmert*, Seite 216 ff.; RG vom 28. 9. 1942, RGZ 170, 40; BGH vom 26. 6. 1961, DVBl. 1961, 736; BGH vom 13. 11. 1964, DVBl. 1965, 157; BGH vom 2. 6. 1969, DVBl. 1969, 623.

A. Die allgemeine Leistungsklage im Verwaltungsrechtsstreit

Schlichte Verwaltungsäußerungen beinhalten dann eine Verletzung der Rechtssphäre des Bürgers, wenn die in ihnen enthaltenen Erklärungen des verantwortlichen Verwaltungsträgers nicht der Wahrheit entsprechen und dadurch geschäftsschädigende oder ehrkränkende Auswirkungen haben[23]. In solchen Fällen hat der Bürger nach einhelliger Meinung einen mit einer Abwehrklage[24] durchsetzbaren Anspruch gegen den verantwortlichen Verwaltungsträger auf Beseitigung der Rechtsbeeinträchtigungen durch Zurücknahme oder Änderung der Äußerung[25]. Zu einer solchen allgemeinen Leistungsklage kann es z. B. kommen, wenn ein Bürger in der Informationsschrift eines Ministeriums „kommunistischer Umtriebe oder radikaler Betätigungen" verdächtigt[26], in einem Rundschreiben einer Industrie- und Handelskammer als unseriöser Geschäftsmann[27] oder bei Beantwortung einer kleinen Anfrage im Bundestag als bestechlich[28] bezeichnet wird. Ferner kann etwa der Halter eines Luftfahrzeuges mit einer Abwehrklage den Widerruf eines Untersuchungsberichtes des Bundesluftfahrtamtes anläßlich eines Flugzeugabsturzes[29] gerichtlich geltend machen, der Kapitän eines Schiffes den Widerruf eines Spruches des Oberseeamtes anläßlich eines Schiffsunglücks[30] oder ein zu Unrecht des Betruges Verdächtigter die Streichung seines Namens aus Warnmitteilungen des Bundesausgleichsamtes verlangen, verbunden mit einem entsprechenden Widerruf[31]. Schließlich kommt die allgemeine Leistungsklage in der Form der Abwehrklage in Betracht, wenn eine Privatperson

---

[22] Vgl. *Martens*, Rechtsschutz, Seite 11.

[23] Vgl. die Zusammenstellung bei *Tschira / Schmitt-Glaeser*, Seite 234 f.

[24] Vgl. zum Rechtsweg BGH vom 28. 2. 1978, WM 1978, 854.

[25] Streitig ist lediglich die rechtliche Konstruktion dieses Anspruchs. Vgl. hierzu *Bachof*, Klage, Seite 126 ff.; *Bettermann*, DÖV 1955, 528 (534 ff.); *Erichsen*, VerwArch. 63, 217; *ders.*, VerwR, Seite 179 ff.; *Hantke*, Seite 96 ff., 112 ff.; *Henke*, 94 ff., 110 ff.; *Hoffmann*, Seite 24 ff., 64 ff.; *Martens*, Rechtsschutz, Seite 24 ff.; *Menger*, Identität, Seite 348 f.; *Müller*, Seite 6 ff.; *Rupp*, Grundfragen, Seite 153 ff., 171 ff., 249 ff.; *Wolff / Bachof*, § 43 III, Seite 332, § 54 II, Seite 477 ff.; BVerwG vom 25. 8. 1971, NJW 1972, 269.

[26] Vgl. hierzu *Bettermann*, DVBl. 1952, 312; *Klein*, DÖV 1952, 285; *Schade*, Seite 31 ff.; *Walz*, JZ 1952, 223; OLG Köln vom 19. 11. 1951, DVBl. 1952, 309. Vgl. auch den Sachverhalt VG Bremen vom 10. 2. 1978, NJW 1978, 1650.

[27] Vgl. hierzu *Erichsen / Hoffmann-Becking*, JuS 1971, 144; BGH vom 30. 11. 1955, NJW 1956, 711.

[28] Vgl. hierzu *Bettermann*, DVBl. 1965, 886; OVG Münster vom 4. 10. 1966, DVBl. 1967, 51; VG Köln vom 24. 9. 1964, DVBl. 1965, 882.

[29] Vgl. hierzu *Bachof*, Verfassungsrecht, Bd. I, Nr. 139, Seite 140; *Menger*, VerwArch. 54, 199; *Fichtmüller*, Seite 45 ff.; *Naumann*, Streitigkeiten, Seite 379; *Wendt*, DÖV 1963, 89; BVerwG vom 20. 7. 1962, DÖV 1962, 704; OVG Lüneburg vom 26. 1. 1961, OVGE 69, 442.

[30] Vgl. hierzu *Redeker / von Oertzen*, § 42, Rdnr. 54; *Schick*, JZ 1970, 139; *Wendt*, DVBl. 1970, 502; BVerwG vom 18. 4. 1969, NJW 1969, 1980.

[31] Vgl. hierzu *Evers*, DVBl. 1966, 602; *Menger*, VerwArch. 58, 78; BVerwG vom 9. 2. 1966, DVBl. 1966, 701; VGH Kassel vom 12. 5. 1964, DVBl. 1965, 452.

V. Erscheinungsformen der allgemeinen Leistungsklage

Rechtsschutz gegen den Inhalt und die Verbreitung des Jahresberichtes eines Landesrechnungshofs beansprucht[32].

Besondere Bedeutung kommt der Abwehrklage im Rahmen eines sogenannten „besonderen Gewaltverhältnisses"[33] zu. Als besonderes Gewaltverhältnis — auch besonderes Pflichtverhältnis[34] oder verwaltungsrechtliches Sonderverhältnis[35] genannt — wird ein Rechtsverhältnis bezeichnet, in dem „der einzelne über das allgemeine Gewaltverhältnis hinaus, in dem sich jeder Bürger gegenüber dem Staat befindet, in einem besonderen Abhängigkeitsverhältnis zur hoheitlichen Verwaltung steht"[36]. Typische Erscheinungsformen eines solchen Sonderrechtsverhältnisses sind das Beamten- und Schulverhältnis[37].

Auch innerhalb besonderer Gewaltverhältnisse erfüllt die Verwaltung ihre Aufgaben sowohl durch den Erlaß von Verwaltungsakten als auch durch die Vornahme von Realakten und schlichten Verwaltungsäußerungen. Da die Rechtsfigur des besonderen Gewaltverhältnisses keinen rechtsfreien Raum darstellt[38], unterliegen auch in diesem Bereich die Verwaltungshandlungen der verwaltungsgerichtlichen Kontrolle[39]. Soweit Maßnahmen eines Trägers eines besonderen Gewaltverhältnisses keine Verwaltungsakte, sondern hoheitliche Realakte bzw. schlichte Verwaltungsäußerungen darstellen und die Rechtssphäre des Gewaltunterworfenen beeinträchtigen, steht diesem als Rechtsschutzinstrument die allgemeine Leistungsklage in der Form der Abwehrklage zur Verfügung[40]. So kann etwa ein Beamter mit einer Abwehr-

---

[32] Vgl. hierzu *Belemann*, DÖV 1979, 684; *Krebs*, VerwArch. 71, 77; OVG Münster vom 9. 5. 1978, DÖV 1979, 682; VG Düsseldorf vom 3. 10. 1980, NJW 1981, 1396.

[33] Zur geschichtlichen Entwicklung dieser Rechtsfigur vgl. *Erichsen*, Festschrift Wolff, Seite 219 ff. Vgl. auch *Menger*, HRR VwR 1977, D 7 C 3 F 6; *Kiepe*, DÖV 1979, 399, 400.

[34] *Ule*, Prozeßrecht, § 32, Seite 156; ders., VVDStRL 15, 144 f.; *Redeker / von Oertzen*, § 42, Rdnr. 71.

[35] *Wolff / Bachof*, § 32 IV, Seite 212 f.

[36] *Zimmermann*, VerwArch. 62, 48 (49).

[37] Vgl. hierzu *Ule*, VVDStRL 15, 133 (135); *Zimmermann*, VerwArch. 42, 48 (51).

[38] Vgl. *Kellner*, DÖV 1963, 418 (419); *Kiepe*, DÖV 1979, 399, 400 ff.; *Menger*, HRR VwR 1977, D 7 C 3 F 6, Seite 9; *von Münch*, § 3 II 2, Seite 47 ff.; *Selmer*, DÖV 1968, 342; *Ule*, VVDStRL 15, 142; *Zimmermann*, VerwArch. 62, 48 (50); OVG Münster vom 25. 7. 1975, NJW 76, 725.

[39] Vgl. *Czermak*, NJW 1962, 833; *Frotscher*, DÖV 1971, 259 (260); *Holland*, DVBl. 1968, 245; ders., JuS 1971, 632; *Maunz / Dürig*, Art. 19, Abs. 4, Rdnr. 25; *Paetzold*, DVBl. 1974, 454; *Selmer*, DÖV 1968, 342 ff.; *Tschira / Schmitt-Glaeser*, Seite 28 ff.; *Zimmermann*, VerwArch. 62, 48 (58 ff.); BVerwG vom 9. 11. 1967, DVBl. 1968, 640; BVerwG vom 28. 10. 1970, DVBl. 1971, 404 (406); OVG Münster vom 15. 11. 1974, DÖV 1975, 358; VG Münster vom 30. 5. 1973, DÖV 1973, 182.

[40] Vgl. *Czermak*, DÖV 1962, 921 (922), ders., NJW 1963, 939; *Erichsen*, HRR VwR 1977, F 1+6, Seite 8; *Frotscher*, DÖV 1971, 259 (260); *Kiepe*, DÖV 1979,

klage die Änderung einer Dienstpostenbewertung[41] oder einer dienstlichen Beurteilung[42] geltend machen sowie auch die Zurücknahme einer sogenannten Umsetzung[43] oder einer dienstlichen Rüge, die den Vorwurf dienstpflichtwidrigen Verhaltens enthält[44,45]. Ein Schüler kann z. B. eine Abwehrklage erheben, wenn er gegenüber der Weisung „Nachzusitzen"[46], bestimmte Kleidungsstücke nicht zu tragen[47], oder an einer schulischen Feierstunde teilzunehmen[48], verwaltungsgerichtlichen Rechtsschutz beansprucht. Ferner kann sich ein Schüler gegenüber der Erteilung von Strafarbeiten[49] und Schulaufgaben[50] oder der Eintragung eines Verweises ins Klassenbuch[51] sowie auch gegen eine einzelne Zeugnisnote[52] mit einer Abwehrklage zur Wehr setzen[53], sofern

---

404; *Menger*, HRR VwR 1977, D 7 C 3 F 6, Seite 9; *von Mutius*, HRR VwR 1975, F 8, Seite 3; *Paetzold*, DVBl. 1974, 454 (457); *Rinsche*, NJW 1965, 1934; *Selmer*, DÖV 1968, 342 ff.; *Zimmermann*, VerwArch. 62, 48 (58 ff.); BVerwG vom 28. 10. 1970, BVerwGE 36, 192; BVerwG vom 12. 2. 1981, DVBl. 1981, 495; OVG Lüneburg vom 6. 11. 1980, DVBl. 1981, 54; VGH Mannheim vom 19. 11. 1974, DVBl. 1975, 438; OVG Münster vom 15. 11. 1974, DÖV 1975, 358. Vgl. auch den Diskussionsbeitrag von *Bettermann*, VVDStRL 15, 215 f.

[41] Vgl. hierzu *Lemhöfer*, DVBl. 1969, 85; *Mayer*, DVBl. 1970, 651 (655); *Redeker / von Oertzen*, § 42, Rdnr. 74; BVerwG vom 28. 10. 1970, BVerwGE 36, 192; BVerwG vom 28. 10. 1970, BVerwGE 36, 218; BVerwG vom 8. 2. 1972, BVerwGE 41, 253. Vgl. auch VG Braunschweig vom 13. 6. 1968, DVBl. 1969, 83, das eine Klage gegen eine Dienstpostenbewertung wegen Nichtvorliegens eines VA's für unzulässig hält.

[42] Vgl. hierzu *Selmer*, DÖV 1968, 343 ff.; *Redeker / von Oertzen*, § 42, Rdnr. 73; *Zimmermann*, VerwArch. 62, 48 (70 ff.); BVerwG vom 9. 11. 1967, DVBl. 1968, 640; BVerwG vom 13. 11. 1975, NJW 1976, 1281.

[43] Vgl. hierzu BVerwG vom 22. 5. 1980, NJW 1981, 67 mit Besprechung bei *Menger*, VerwArch. 72, 149 sowie OVG Münster vom 29. 1. 1976, DÖV 1976, 425 mit Besprechung bei *Menger*, VerwArch. 68, 169. Vgl. auch den ähnlichen Sachverhalt bei *Erichsen*, HRR VwR 1977, F 1+6, Seite 8 sowie bei BVerwG vom 12. 2. 1981, DVBl. 1981, 495.

[44] Vgl. hierzu *Ule*, Verwaltungsgerichtsbarkeit, § 42, Anm. 4 b; BVerwG vom 8. 7. 1970, DVBl. 1971, 579.

[45] Vgl. auch die weiteren Beispiele bei *Kellner*, DÖV 1963, 422; *Redeker / von Oertzen*, § 42, Rdnr. 72 ff.; *Zimmermann*, VerwArch. 62, 48 (52).

[46] Vgl. zu dieser Fallgruppe *Holland*, DVBl. 1968, 246; *Zimmermann*, VerwArch. 62, 48 (52). Allgemein zur Rechtsnatur von Schulstrafen, OVG Lüneburg vom 19. 12. 1972, DVBl. 1973, 280.

[47] Vgl. hierzu *Redeker / von Oertzen*, § 42, Rdnr. 82; *Ule*, VVDStRL 15, 65.

[48] Vgl. hierzu *Ule*, Verwaltungsgerichtsbarkeit, § 42, Anm. 4 b.

[49] Vgl. hierzu *Holland*, DVBl. 1968, 246.

[50] Vgl. zu diesen Maßnahmen *Redeker / von Oertzen*, § 42, Rdnr. 82; *Stern*, Probleme, Seite 66 f.

[51] Vgl. hierzu *Holland*, DVBl. 1968, 246; OVG Lüneburg vom 19. 12. 1972, DVBl. 1973, 280.

[52] Vgl. zu dieser Fallgruppe *Czermak*, NJW 1964, 939; *Holland*, DVBl. 1968, 245 (246 f.); *Menger*, VerwArch. 55, 387; *Rupp*, DÖV 1976, 90; *Stern*, Probleme, Seite 66; *Ule*, NJW 1963, 939; *Vehse*, DÖV 1975, 754; *Zimmermann*, VerwArch. 62, 48 (67 f.); OVG Berlin vom 7. 11. 1974, DVBl. 1975, 731; VGH Kassel vom 26. 11. 1973, DVBl. 1974, 469; OVG Münster vom 15. 11. 1974, DÖV 1975, 358;

man diese Verwaltungshandlungen mit der vorherrschenden Meinung nicht als Verwaltungsakte, sondern als „schlichte Verwaltungsäußerungen"[54] ansieht.

b) Vornahmeklagen des Bürgers gegen einen Verwaltungsträger

Da die Vornahmeklage in ihrem Rechtsschutzziel lediglich auf die Erweiterung des Rechtskreises des Bürgers gerichtet ist, weist diese Erscheinungsform der allgemeinen Leistungsklage Parallelen zur Verpflichtungsklage auf[55]. Mit einer solchen Klage kann der einzelne die Verurteilung eines Verwaltungsträgers zur Vornahme eines hoheitlichen Realaktes oder einer schlichten Verwaltungsäußerung sowie zur Abgabe einer rechtsgeschäftlichen Willenserklärung beantragen.

aa) Zahlungsklagen

Vornahmeklagen des Bürgers sind in den häufigsten Fällen auf Zahlung einer bestimmten Geldsumme gerichtet. Diese auf Vornahme eines hoheitlichen Realaktes[56] gerichtete Klage ist gleichzeitig auch die häufigste Erscheinungsform der allgemeinen Leistungsklage. Hierzu gehören z. B. Klagen der Beamten wegen ihrer vermögensrechtlichen Ansprüche gegen ihren Dienstherrn[57], Klagen auf Auszahlung von Sub-

---

OVG Münster vom 11. 11. 1977, GewArch. 1978, 381; VG Berlin vom 18. 4. 1963, NJW 1964, 939; VG Wiesbaden vom 20. 6. 1963, NJW 1963, 2140.

[53] Weitere Beispiele für administrative Maßnahmen im Schulverhältnis, die keine VA'e sind, finden sich bei *Czermak*, NJW 1962, 833; *Holland*, DVBl. 1968, 245 ff.; *Redeker / von Oertzen*, § 42, Rdnr. 82; *Rinsche*, NJW 1965, 1933; *Selb*, DÖV 1965, 804; *Zimmermann*, VerwArch. 62, 48 (66 ff.); VGH Kassel vom 18. 1. 1961, DVBl. 1961, 856; VGH Mannheim vom 19. 11. 1974, DVBl. 1975, 438; OVG Münster vom 17. 4. 1967, NJW 1967, 1772; VG Karlsruhe vom 15. 12. 1964, NJW 1965, 1452.

[54] Vgl. allgemein zur Rechtsnatur von Verwaltungsmaßnahmen im Beamten- und Schulverhältnis *Redeker / von Oertzen*, § 42, Rdnr. 71 ff.; *Stern*, Probleme, Seite 66 f.; *Ule*, Prozeßrecht, § 32, Seite 156 ff.; *Wolff / Bachof*, § 46 VII, Seite 386 f.; *Zimmermann*, VerwArch. 62, 62 ff. (68); BVerfG vom 13. 6. 1979, DVBl. 1979, 812; BVerwG vom 17. 12. 1975, NJW 1976, 865; BVerwG vom 25. 10. 1978, DVBl. 1979, 354; OVG Lüneburg vom 6. 11. 1980, DVBl. 1981, 54, 55; VGH Mannheim vom 19. 11. 1974, DVBl. 1975, 438 sowie die Entscheidung über die Nichtzulassungsbeschwerde, BVerwG vom 17. 12. 1975, DÖV 1976, 316; OVG Münster vom 30. 1. 1979, DVBl. 1979, 563.

[55] Vgl. *Fichtmüller*, Seite 93.

[56] Die Zahlung einer bestimmten Geldsumme ist nach h. A. ein Realakt. Vgl. *Hoffmann*, Seite 21; *Wolff / Bachof*, § 45 II, Seite 364; zweifelnd *Thieme*, Seite 162.

[57] Vgl. zu dieser Fallgruppe *Bachof*, Verfassungsrecht, Bd. II Nr. 283, Seite 273; *Holland*, Klage, Seite 83 ff.; *Ule*, Beamtenrecht, § 126 BRRG, Rdnr. 1; BVerwG vom 20. 3. 1963, VerwRspr. 16, 15; BVerwG vom 3. 5. 1963, VerwRspr. 16, 53; BVerwG vom 4. 11. 1976, DVBl. 1978, 607; OVG Koblenz vom 19. 12. 1964, VerwRspr. 17, 8; VGH Mannheim vom 19. 5. 1972, NJW 1973, 75.

ventionen[58] sowie Klagen wegen Erstattungsansprüchen[59] oder wegen vermögensrechtlicher Ansprüche aus öffentlich-rechtlichen Verträgen[60].

Soweit es sich dabei um Schadensersatzklagen des Bürgers wegen Leistungsstörungen im Rahmen öffentlich-rechtlicher Schuldverhältnisse[61] handelt, war früher streitig, ob insoweit generell der Verwaltungsrechtsweg eröffnet war[62], oder nur in den Fällen, in denen ein solcher Schadensersatzanspruch in keinem sachlichen Zusammenhang mit Amtshaftungsansprüchen stand[63]. Diese Streitfrage ist jedoch durch die Neufassung des § 40 Abs. 2 Satz 1 VwGO geklärt worden, durch die diese Klagen ausdrücklich der Entscheidung der Verwaltungsgerichte zugewiesen worden sind[64].

bb) Klagen auf Vornahme hoheitlicher Realakte und schlichter Verwaltungsäußerungen

Neben Zahlungsansprüchen sind besonders häufig Herausgabeansprüche des Bürgers gegen die Exekutive Gegenstand einer Vornahmeklage. Eine solche Herausgabeklage kann z. B. gerichtet sein auf Herausgabe beschlagnahmter Sachen nach Wegfall oder Aufhebung der

---

[58] Vgl. zu dieser Fallgruppe *Menger*, VerwArch. 51, 152; *Schlichter*, DVBl. 1966, 738; *Stern*, Probleme, Seite 73; *Tschira / Schmitt-Glaeser*, Seite 234; *Ule*, Prozeßrecht, § 32, Seite 128; BVerwG vom 19. 12. 1958, BVerwGE 6, 244; BVerwG vom 26. 2. 1965, MDR 1965, 689; BVerwG vom 22. 9. 1967, NJW 1968, 613; BVerwG vom 8. 9. 1972, NJW 1972, 2325; OVG Lüneburg vom 26. 8. 1970, DVBl. 1971, 421.

[59] Vgl. zu dieser Fallgruppe *Bachof*, Verfassungsrecht, Bd. I Nr. 45, Seite 275; *Holland*, Klage, Seite 93; *Schunck / De Clerk*, § 40, Anm. 4 a dd, § 42, Anm. 4 a; *Schwerdtfeger*, Seite 84 f.; *Stern*, Probleme, Seite 66; *Tschira / Schmitt-Glaeser*, Seite 233 f.; *Weber*, JuS 1970, 169; BVerwG vom 19. 2. 1956, DVBl. 1957, 469; BVerwG vom 15. 3. 1968, BVerwGE 29, 214; OVG Münster vom 22. 2. 1961, DÖV 1961, 469; OVG Münster vom 5. 8. 1970, NJW 1971, 397.

[60] Vgl. zu dieser Fallgruppe *Lerche*, Seite 71 ff., 78 f.; *Simons*, Seite 189 ff.; *Stern*, Probleme, Seite 66; *Wolff / Bachof*, § 44 II, Seite 350 ff.; BVerwG vom 17. 2. 1971, DVBl. 1971, 412.

[61] Vgl. hierzu *Janson*, DÖV 1979, 696; *Simons*, Seite 71 ff., 129 ff.; *Wolff / Bachof*, § 44 III, Seite 350 ff.

[62] So *Redeker / von Oertzen*, 5. Aufl., § 40, Rdnr. 43; *Simons*, Seite 194 ff.; *Wolff / Bachof*, § 44 III, Seite 355; OVG Lüneburg vom 29. 3. 1968, DÖV 1968, 803 (806). Hierzu tendierten ebenfalls *Stern*, Probleme, 3. Aufl., Seite 31 f.; BVerwG vom 17. 2. 1971, DVBl. 1971, 412; BVerwG vom 29. 5. 1973, DÖV 1974, 133.

[63] Vgl. *Brückler*, DRiZ 1964, 372; *Lerche*, Seite 69 f.; *Menger*, VerwArch. 56, 278; ders., VerwArch. 60, 179; BGH vom 21. 12. 1964, DVBl. 1965, 276; BGH vom 4. 10. 1972, NJW 1972, 2300; BayObLG vom 22. 2. 1968, DÖV 1968, 808; BVerwG vom 29. 5. 1973, DÖV 1974, 133; OVG Münster vom 29. 9. 1971, DVBl. 1972, 614.

[64] Vgl. zu dieser Neuregelung *Backhaus*, DVBl. 1981, 266; *Kopp*, § 40, Rdnr. 71 f.; *Redeker / von Oertzen*, § 40, Rdnr. 43; *Stern*, Probleme, Seite 37; *Wolff / Bachof*, § 44 III, Seite 356; BGH vom 13. 10. 1977, DVBl. 1978, 108, 109; VGH Mannheim vom 30. 4. 1980, DVBl. 1981, 265.

V. Erscheinungsformen der allgemeinen Leistungsklage

zugrunde liegenden Verfügung[65], auf Freimachung einer Wohnung, in die Obdachlose behördlich eingewiesen worden sind, nach Ablauf der Einweisungszeit[66] oder auch auf Herausgabe von erkennungsdienstlichen Unterlagen[67], von Lichtbildern[68] oder von ärztlichen Gutachten[69], die sich in den Akten einer Behörde befinden.

Nicht nur die Herausgabe und auch Vernichtung von bestimmten Vorgängen aus Akten einer Behörde[70] können Gegenstand einer Vornahmeklage sein, sondern auch die Ergänzung einer Akte, etwa durch die Aufnahme in den Besetzungsvorschlag für eine Hochschullehrerstelle durch das zuständige Hochschulgremium[71].

Auch polizeiliche Maßnahmen können hoheitliche Realakte und damit Gegenstand einer allgemeinen Leistungsklage sein. So könnte etwa ein Bürger eine Vornahmeklage auf Gewährung von Polizeischutz durch Abstellung eines Beamten erheben[72]. Entsprechendes gilt für die Errichtung und Unterhaltung öffentlicher Einrichtungen, so daß der einzelne eine Vornahmeklage erheben könnte, wenn er den Ausbau einer Straße[73] bzw. eines Wasserweges[74], die Herstellung bzw. Instand-

---

[65] Vgl. zu solchen Fällen *Müller*, Seite 191 ff.; VGH Kassel vom 12. 9. 1962, DÖV 1963, 389; OVG Lüneburg vom 17. 8. 1954; OVGE 9, 340.

[66] Vgl. zu dieser Fallgruppe *Bachof*, MDR 1955, 570; *Hegel*, Unterbringung, Seite 90 ff.; *Holland*, Klage, Seite 94 f.; *Loppuch*, NJW 1953, 10; *Rüfner*, § 53 V, Seite 493 f.; *Tschira / Schmitt-Glaeser*, Seite 233; *Ule*, Prozeßrecht, § 32, Seite 128; LVG Gelsenkirchen vom 11. 11. 1954, ZMR 1955, 185; OVG Hamburg vom 26. 3. 1949, MDR 1949, 506; OVG Hamburg vom 11. 2. 1957, ZMR 1958, 104; OVG Koblenz vom 11. 7. 1963, AS 9, 88; OVG Lüneburg vom 24. 9. 1954, OVGE 8, 484; OVG Münster vom 25. 3. 1954, OVGE 8, 252; OVG Münster vom 23. 1. 1959, VerwRspr. 12, 24; VG Neustadt vom 3. 4. 1964, NJW 1965, 833; LVG Schleswig vom 23. 12. 1954, MDR 1955, 569.

[67] Vgl. zu dieser Fallgruppe *Holland*, JuS 1968, 559; *von Münch*, JuS 1965, 404 (407); *Redeker / von Oertzen*, § 42, Rdnr. 158; *Schmitz*, NJW 1968, 1128; *Thomas*, NJW 1968, 438; *Ule*, Verwaltungsgerichtsbarkeit, vor § 42, Anm. II; *Wolff*, § 172 I, Seite 398; BVerwG vom 25. 10. 1960, DÖV 1961, 267; BVerwG vom 9. 2. 1967, NJW 1967, 1192; BayVGH vom 28. 8. 1962, VerwRspr. 16, 118; OVG Hamburg vom 13. 5. 1976, MDR 1977, 80; VGH Mannheim vom 13. 2. 1973, NJW 1973, 1664; OVG Münster vom 26. 4. 1972, NJW 1972, 2147.

[68] Vgl. OVG Lüneburg vom 29. 7. 1971, DVBl. 1972, 47.

[69] Vgl. hierzu BVerwG vom 30. 8. 1961, VerwRspr. 15, 134.

[70] Vgl. z. B. *Redeker / von Oertzen*, § 42, Rdnr. 121; BVerwG vom 31. 1. 1980, DVBl. 1980, 457. VG Köln vom 8. 3. 1978, NJW 1978, 1649; VG Darmstadt vom 12. 6. 1980, NJW 1981, 69.

[71] Vgl. hierzu *Stern*, Probleme, Seite 61; OVG Münster vom 8. 3. 1974, DÖV 1974, 498; vgl. auch den ähnlichen Fall bei OVG Münster vom 5. 12. 1974, GewArch. 1975, 350.

[72] Vgl. *Wagner*, Seite 157 ff.; vgl. hierzu auch *Eyermann / Fröhler*, § 42, Rdnr. 15, und *Martens*, JuS 1962, 232, die eine Verpflichtungsklage annehmen.

[73] Vgl. zu dieser Fallgruppe *Wolff / Bachof*, § 45 I, Seite 364; *Tschira / Schmitt-Glaeser*, Seite 234; OVG Koblenz vom 18. 6. 1970, VerwRspr. 22, 182.

[74] Vgl. hierzu etwa *Erichsen*, VerwArch. 62, 181; BVerwG vom 14. 12. 1973, MDR 1974, 426; BGH vom 1. 6. 1970, NJW 1970, 1877.

setzung einer Versorgungsleitung[75], wie z. B. eines Telefonanschlusses[76] oder etwa auch die Umbettung eines Verstorbenen auf einem Friedhof[77], mit einer verwaltungsgerichtlichen Klage durchsetzen will.

Soweit sich Vornahmeklagen des Bürgers auf die Vornahme schlichter Verwaltungsäußerungen beziehen, handelt es sich vornehmlich um Klagen auf Erteilung bestimmter Auskünfte[78]. Mit einer solchen Klage kann der Bürger jedoch nur die Verurteilung eines Verwaltungsträgers zur Erteilung einer sogenannten Auskunft ohne Bindungswirkung[79] — das sind informative Verwaltungsäußerungen, die lediglich eine individuelle Tatsachen- oder unverbindliche Rechtsmitteilung enthalten[80] — beantragen. Denn soweit eine Auskunft nicht nur eine Wissenserklärung eines Verwaltungsträgers enthält, sondern — wie etwa die Bescheinigung einer Wohnungsbehörde nach § 7 c EStG[81] — das Vorliegen bestimmter Tatsachen im Rechtsverkehr verbindlich bescheinigt — sogenannte Auskünfte mit Bindungswirkung oder Zusicherungen im Sinne von § 38 VwVfG —, handelt es sich um einen Verwaltungsakt[82]. Die Erteilung einer Auskunft ohne Bindungswirkung ist dagegen kein Verwaltungsakt[83].

Diese Art der Informationserteilung enthält auch dann keine für einen Verwaltungsakt eigentümliche Regelung, wenn diese Verwaltungsmaßnahme nicht zu dem eigentlichen Aufgabenbereich eines Verwaltungsträgers gehört und dieser daher zunächst verwaltungsintern prüft, ob die begehrte Auskunft zu erteilen ist[84]. Denn bei jeder Lei-

---

[75] Vgl. hierzu *Obermayer*, Prozeßrecht, Seite 348; *Wolff / Bachof*, § 45 I, Seite 364; BayVGH vom 30. 9. 1970, VerwRspr. 22, 96.

[76] Vgl. BVerwG vom 4. 12. 1970, BVerwGE 36, 352.

[77] Vgl. BayVGH vom 21. 6. 1965, VerwRspr. 17, 157.

[78] Vgl. zu dieser Fallgruppe *Perschel*, JuS 1966, 231; *Tschira / Schmitt-Glaeser*, Seite 234.

[79] Zu diesem Begriff *Wolff / Bachof*, § 45 II, Seite 365; *Zeidler*, Seite 26 ff.

[80] Vgl. Verhandlungen 44. DJT, Seite 106.

[81] Vgl. hierzu *Reifenrath*, Seite 51; *Wolff / Bachof*, § 45 II, Seite 365; BVerwG vom 28. 9. 1955, DVBl. 1956, 95.

[82] Vgl. *Obermayer*, VA, Seite 69; *Redeker / von Oertzen*, § 42, Rdnr. 56; *Reifenrath*, Seite 48 ff.; *Stern*, BayVBl. 1957, 86 f.; ders., Probleme, Seite 61, 74; *Wolff / Bachof*, § 45 II, Seite 365; *Zeidler*, Seite 27.

[83] Vgl. *Bachof*, Verfassungsrecht, Bd. I Nr. 92, Seite 218; *Bettermann*, DVBl. 1969, 703; *Kopp*, § 42, Rdnr. 38; *Lässig*, DVBl. 1979, 561; *Menger*, VerwArch. 60, 385 (389); *Obermayer*, NJW 1962, 1465 (1471); *Perschel*, JuS 1966, 231; *Redeker / von Oertzen*, § 42, Rdnr. 53; *Reifenrath*, Seite 48 ff.; *Ule*, Prozeßrecht, § 32, Seite 142; OVG Lüneburg vom 21. 2. 1957, DVBl. 1958, 323; OVG Münster vom 18. 12. 1957, MDR 1958, 544; OVG Münster vom 7. 5. 1963, MDR 1963, 871. Offenlassend BVerwG vom 6. 5. 1960, DVBl. 1960, 516; BVerwG vom 6. 5. 1960, NJW 1960, 1540; BVerwG vom 16. 9. 1980, DVBl. 1981, 190; OVG Münster vom 28. 6. 1972, NJW 1973, 110; VG Stuttgart vom 10. 1. 1967, DVBl. 1968, 188.

[84] *Bettermann*, DVBl. 1969, 704; *Erichsen / Martens*, § 39, Seite 297; *Menger*,

stung, die der Bürger beansprucht, muß die jeweilige Behörde zunächst prüfen, ob die Anspruchsvoraussetzungen erfüllt sind[85]. Das Ergebnis dieser verwaltungsinternen Prüfung — nämlich die Vornahme oder Nichtvornahme der begehrten Verwaltungshandlung — beinhaltet aber nur dann einen Verwaltungsakt, wenn auch die beantragte Maßnahme selber ein Verwaltungsakt[86] ist. Die Entscheidung einer Behörde über die Vornahme einer Verwaltungshandlung, die selber kein Verwaltungsakt ist, wird nicht dadurch notwendig zum Verwaltungsakt, daß die Vornahme der Verwaltungshandlung nicht zu dem typischen Aufgabenbereich der Behörde gehört[87]. Folglich ist die allgemeine Leistungsklage in der Form der Vornahmeklage die richtige Klageart, wenn ein Bürger die Verurteilung eines Verwaltungsträgers zur Erteilung einer Auskunft ohne Bindungswirkung beantragt[88].

Zu einer „Auskunftsklage" kann es etwa kommen, wenn einer Behörde bestimmte Informationen über einen Dritten zugetragen worden sind und dieser daraufhin von der Behörde die Benennung ihres Informanten verlangt, um gegen diesen gerichtlich vorgehen zu können[89].

„Auskunftsklagen" waren auch häufig zur Vorbereitung einer Schadensersatzklage wegen Amtspflichtverletzung[90] auf die Benennung eines Beamten eines Verwaltungsträgers gerichtet, durch den sich ein

---

VerwArch. 60, 385 (388); a. A. Wolff / Bachof, § 45 II, Seite 365; BVerwG vom 25. 2. 1969, NJW 1969, 1132; VGH Kassel vom 13. 1. 1977, NJW 1977, 692; OLG Hamm vom 8. 2. 1973, NJW 1973, 1089; BFH vom 25. 7. 1978, DVBl. 1979, 560.

[85] Bettermann, DVBl. 1969, 704. Vgl. auch Meyer-Hentschel, SKV 1970, 9.
[86] Vgl. Menger, VerwArch. 60, 385 (389).
[87] Vgl. hierzu Bettermann, DVBl. 1969, 704; Menger, VerwArch. 60, 389; Meyer-Hentschel, SKV 1970, 9. Gegen die Argumentation des BVerwG auch Reuss, JR 1969, 274; Erichsen / Martens, § 33, Seite 297.
[88] So auch die h. M., vgl. Holland, Klage, Seite 97; Klein, Seite 51; Naumann, Streitigkeiten, Seite 374; Obermayer, Prozeßrecht, Seite 348; Perschel, JuS 1966, 231; Rautenberg / Voigt, DÖV 1964, 260; Reifenrath, Seite 98; Redeker / von Oertzen, § 42, Rdnr. 158; Stern, Probleme, Seite 74; Ule, Verwaltungsgerichtsbarkeit, vor § 42, Anm. II; OVG Münster vom 5. 7. 1963, MDR 1963, 871. Offenlassend BVerwG vom 6. 5. 1960, NJW 1960, 1540; BVerwG vom 30. 4. 1965, DÖV 1965, 488; OVG Münster vom 28. 6. 1972, NJW 1973, 110; a. A. Kopp, § 42, Rdnr. 38 m. w. N.
[89] Vgl. zu dieser Fallgruppe Dagtoglou, JZ 1965, 320; Jung, Seite 87 ff., 105 ff.; Menger, VerwArch. 60, 385; Perschel, JuS 1966, 231; Pipkorn, Seite 121 ff.; BVerwG vom 30. 4. 1965, DÖV 1965, 488; BVerwG vom 25. 2. 1969, NJW 1969, 1131; BayVGH vom 30. 7. 1979, DVBl. 1980, 419; VGH Kassel vom 23. 7. 1964, JZ 1965, 319; OVG Münster vom 18. 11. 1958, VerwRspr. 11, 214; OVG Münster vom 7. 5.1963, MDR 1963, 871; OLG Hamm vom 8. 2. 1973, NJW 1973, 1089.
[90] Zum Rechtsweg, wenn der Auskunftsanspruch als Hilfs- oder Nebenanspruch zum auf Schadenersatz gerichteten Amtshaftungsanspruch geltend gemacht wird, vgl. BGH vom 25. 9. 1980, NJW 1981, 1675.

Bürger geschädigt fühlte[91]. Denn da der Staat die Haftung für Amtspflichtverletzungen gemäß Art. 34 GG nur grundsätzlich übernimmt, gab es vor Inkrafttreten des Staatshaftungsgesetzes Verwaltungstätigkeiten — insbesondere im Bereich der Bundespost[92] —, bei denen im Fall einer Amtspflichtsverletzung ausschließlich der verantwortliche Beamte dem Geschädigten haftete[93].

Nachdem aber die Vorschriften des Staatshaftungsgesetzes ab 1.1. 1982 uneingeschränkt die unmittelbare und ausschließliche Staatshaftung eingeführt haben[94], und insbesondere dieser Grundsatz auch in die sondergesetzlichen Vorschriften der Post übernommen wurde[95], dürfte künftig für solche Auskunftsklagen kein Anlaß mehr bestehen.

Vergleichbar mit der vorerwähnten Auskunftsklage ist auch die Klage gegen einen Verwaltungskläger, einem Rechtsanwalt zur Vorbereitung eines Rechtsstreits nicht veröffentlichte Verwaltungsvorschriften zugänglich zu machen[96].

cc) *Klagen auf Abgabe einer Willenserklärung*

Neben hoheitlichen Realakten und schlichten Verwaltungsäußerungen können auch rechtsgeschäftliche Willenserklärungen eines Verwaltungsträgers Gegenstand einer Vornahmeklage sein. Will ein Bürger daher die verwaltungsgerichtliche Verurteilung einer Behörde zur Abgabe einer auf Abschluß eines Vertrages gerichteten Willenserklärung erreichen, so kann er eine allgemeine Leistungsklage erheben[97].

---

[91] Vgl. zu dieser Fallgruppe *Bachof*, Verfassungsrecht, Bd. I Nr. 92, Seite 218; *Jung*, Seite 106 ff.; *Naumann*, Streitigkeiten, Seite 374; *Perschel*, JuS 1966, 231 (233); *Redeker / von Oertzen*, § 42, Rdnr. 158; BVerwG vom 6. 5. 1960, DVBl. 1960, 516; BVerwG vom 29. 11. 1974, MDR 1975, 432; BayVGH vom 30. 7. 1973, NJW 1974, 379; OVG Lüneburg vom 21. 12. 1957, DVBl. 1958, 323; OVG Münster vom 17. 2. 1959, DVBl. 1959, 597; VG Stuttgart vom 10. 1. 1967, DVBl. 1968, 188.

[92] Vgl. z. B. §§ 11 ff. PostG, 29 TelegrafO, 41 FernsprechO, jeweils a. F. Vgl. auch die Nachweise bei *Erichsen*, DÖV 1965, 158; *Schäfer / Bonk*, Einführung, Rdnr. 55; BGH vom 22. 5. 1965, DÖV 1965, 822.

[93] Vgl. *Wolff / Bachof*, § 64 I, Seite 558; BGH vom 17. 5. 1973, NJW 1973, 1741 (1743); BGH vom 10. 6. 1974, NJW 1974, 1507; OLG Frankfurt vom 21. 9. 1970, NJW 1970, 2172.

[94] Vgl. hierzu *Schäfer / Bonk*, § 1, Rdnr. 335, § 17, Rdnr. 44 ff. Die während der Drucklegung festgestellte Verfassungswidrigkeit des StHG wurde nicht berücksichtigt.

[95] Vgl. § 25 StHG. Vgl. hierzu *Schäfer / Bonk*, § 25, Rdnr. 24.

[96] Vgl. OVG Berlin vom 26. 9. 1975, DVBl. 1976, 266; BVerwG vom 16. 9. 1980, DVBl. 1981, 190.

[97] Vgl. zu dieser Möglichkeit und den damit verbundenen Fragen *Friehe*, JZ 1980, 516 ff. *Hoffmann-Becking*, VerwArch. 62, 191 ff. a. A. *Bosse*, Seite 110, der jedenfalls die Klage auf Abschluß eines subordinationsrechtlichen Vertrages als Verpflichtungsklage ansieht. Hiergegen mit Recht *Friehe*, JZ 1980, 516 ff.

Als Willenserklärung wird man auch die Erklärung einer Personalkörperschaft betreffend den Austritt aus einem Dachverband ansehen können, so daß die Klage eines Körperschaftsmitgliedes auf Abgabe einer solchen Erklärung als allgemeine Leistungsklage einzuordnen wäre[98].

2. Klagen, gerichtet auf ein Dulden oder Unterlassen eines Verwaltungsträgers

Die Rechtsschutzfunktion der allgemeinen Leistungsklage erschöpft sich nicht darin, dem Bürger die gerichtliche Durchsetzung von Leistungsansprüchen zu ermöglichen, die auf ein positives Tun eines Verwaltungsträgers gerichtet sind. Der Bürger kann auch dann eine allgemeine Leistungsklage erheben, wenn er die Verurteilung eines Verwaltungsträgers zu einem Dulden oder Unterlassen erreichen will.

Sowohl die Duldungs- als auch die Unterlassungklage sind im Gegensatz zur Anfechtungs- und Verpflichtungsklage sowie zur allgemeinen Leistungsklage in der Form der Abwehr- und Vornahmeklage präventive Rechtsschutzinstrumente, da der Bürger mit diesen Erscheinungsformen einer allgemeinen Leistungsklage gerichtlichen Rechtsschutz zur Verhinderung bestimmter künftiger Verwaltungshandlungen erlangen kann[99]. Während Duldungsklagen eines Bürgers gegen einen Verwaltungsträger die Gerichte bislang nur selten beschäftigt haben[100], kommen Unterlassungsklagen gegen einen Verwaltungsträger relativ häufig vor[101], so daß dieser Typ einer allgemeinen Leistungsklage von besonderer praktischer Bedeutung für den Rechtsschutz des Bürgers gegen die Exekutive ist.

Bei der Unterlassungsklage, die — wie bereits erörtert[102] —, auch auf Unterlassung eines Verwaltungsaktes gerichtet sein kann, lassen sich

---

[98] Vgl. OVG Hamburg vom 5. 3. 1974, DÖV 1975, 359.

[99] Vgl. allgemein zu dieser Rechtsschutzform *Naumann*, Rechtsschutz, Seite 391 ff.; *Schenke*, AÖR 95, 223 ff.

[100] Vgl. z. B. BGH vom 25. 4. 1969, NJW 1969, 1437, der den Rechtsstreit an das zuständige VG verwiesen hat. Ebenso in einem gleichgelagerten Fall OLG Koblenz vom 18. 3. 1981, MDR 1981, 671. Vgl. hierzu auch *Stern*, Probleme, Seite 24. Zu einem ähnlichen Fall vgl. BVerwG vom 18. 1. 1974, DÖV 1974, 420.

[101] Vgl. z. B. die Fallkonstellation bei BVerwG vom 20. 7. 1962, DÖV 1962, 704; BVerwG vom 29. 5. 1964, DVBl. 1964, 1023; BVerwG vom 4. 6. 1970, NJW 1970, 1760; BVerwG vom 29. 7. 1977, NJW 1978, 554; BVerwG vom 13. 12. 1979, DVBl. 1980, 564; BGH vom 28. 2. 1978, WM 1978, 854; BayVGH vom 11. 3. 1964, DVBl. 1965, 447; VGH Kassel vom 6. 3. 1968, DVBl. 1968, 811; OVG Münster vom 29. 4. 1964, DVBl. 1964, 882; OVG Münster vom 16. 10. 1968, OVGE 24, 170; OVG Saarland vom 7. 7. 1978, BauR 1978, 407. Vgl. auch die vergleichbaren Fälle bei BVerwG vom 21. 2. 1973, DVBl. 1973, 448; BVerwG vom 8. 2. 1974, NJW 1974, 1207; OVG Lüneburg vom 24. 11. 1970, DVBl. 1971, 515.

[102] Vgl. oben unter A. IV. 3.

A. Die allgemeine Leistungsklage im Verwaltungsrechtsstreit

zwei verschiedene Fallkonstellationen unterscheiden. Einmal kann der Bürger eine solche Klage erheben, wenn er die zukünftige Wiederholung einer Verwaltungsmaßnahme, durch die er in seinen Rechten beeinträchtigt worden ist, verhindern will.

Um eine solche „nachträgliche Unterlassungsklage"[103] handelt es sich z. B., wenn ein Geschäftsmann die weitere Verbreitung eines ihn diskriminierenden Rundschreibens einer Industrie- und Handelskammer[104], ein Einstellungsbewerber die künftige weitere Verwertung verfassungsdienstlicher Erkenntnisse[105] oder ein Schüler das künftige Abhalten christlicher Morgenandachten in der Schule[106] durch verwaltungsgerichtliches Urteil verhindern will, wenn ein Mitglied einer öffentlich-rechtlichen Körperschaft die Organe der Körperschaft auf Unterlassung bestimmter öffentlicher Erklärungen in Anspruch nimmt[107], wenn der Nachbar einer Gaststätte es der zuständigen Behörde gerichtlich verbieten lassen will, in Zukunft die Sperrzeit für die Gaststätte an bestimmten Tagen zu verkürzen[108], oder wenn ein Fernsehteilnehmer einer öffentlich-rechtlichen Rundfunkanstalt künftig das Absetzen von vorgesehenen Sportübertragungen wegen Werbung in den Sportstätten untersagen lassen will[109].

Daneben kann der Bürger aber auch dann eine Unterlassungsklage erheben, wenn er einen erstmals drohenden Eingriff in seine Rechtssphäre abwehren will. Um eine solche „vorbeugende Unterlassungsklage"[110] handelt es sich z. B., wenn der Herausgeber einer steuerrechtlichen Broschüre eine verwaltungsgerichtliche Klage gegen die beabsichtigte Herausgabe einer Steuerfibel durch das Finanzamt erhebt[111], wenn ein Bürger verhindern will, daß eine Behörde einem

---

[103] Zu diesem Begriff vgl. *Bettermann*, Rechtsschutz, Seite 190 f.

[104] Vgl. hierzu *Erichsen / Hoffmann-Becking*, JuS 1971, 144.

[105] Vgl. OVG Berlin vom 18. 4. 1978, DVBl. 1978, 756.

[106] Vgl. hierzu *Holland*, JuS 1971, 632; BVerwG vom 27. 2. 1970, DVBl. 1970, 929.

[107] Vgl. zu dieser Fallgruppe *Martens*, Rechtsschutz, Seite 30 ff.; *von Mutius*, HRR VwR 1972, D 8; *Preuss*, Seite 139 ff.; *Redeker / von Oertzen*, § 42, Rdnr. 115; BVerwG vom 26. 9. 1969, NJW 1970, 292; BVerwG vom 13. 12. 1979, DVBl. 1980, 564; BVerwG vom 17. 12. 1981, Az. 5 C 56/79; OVG Hamburg vom 7. 7. 1971, NJW 1972, 72; OVG Hamburg vom 17. 2. 1978, DVBl. 1979, 911; VGH Mannheim vom 12. 5. 1976, DVBl. 1977, 211; VGH Mannheim vom 27. 10. 1977, DÖV 1978, 416; OVG Münster vom 19. 8. 1968, NJW 1969, 1044; VG Sigmaringen vom 2. 2. 1968, DVBl. 1968, 267.

[108] Vgl. OVG Lüneburg vom 26. 8. 1970, DVBl. 1971, 421.

[109] Vgl. BVerwG vom 26. 4. 1978, DVBl. 1978, 640.

[110] Zur Unterscheidung zwischene nachträglicher und vorbeugender Unterlassungsklage vgl. *Bettermann*, Rechtsschutz, Seite 190; *Schade*, Seite 112 f.; *Tschira / Schmitt-Glaeser*, Seite 232 f.

[111] Vgl. hierzu KG vom 18. 9. 1956, NJW 1957, 1076.

Dritten Einsicht in bestimmte Verwaltungsakten gewährt[112], oder wenn ein pharmazeutisches Unternehmen es einer kassenärztlichen Vereinigung gerichtlich verbieten lassen will, ein Rundschreiben an alle Kassenärzte und Krankenkassen zu verschicken, das eine negative Stellungnahme der Arzneimittelkommission bezüglich eines bestimmten Präparates enthält[113]. Zu dieser Fallgruppe gehört ferner die Klage eines Industrieunternehmens, mit der einer Baugenehmigungsbehörde untersagt werden soll, Baugenehmigungen für die Errichtung von Wohnhäusern in unmittelbarer Nachbarschaft des Unternehmens zu erteilen[114].

Gerade in jüngster Zeit hat die vorbeugende Unterlassungsklage besondere Bedeutung für den Rechtsschutz gegenüber Planungsmaßnahmen[115] gewonnen[116]. Sie eröffnet sowohl dem durch Planungsmaßnahmen betroffenen Bürger als auch einem durch eine Planungsmaßnahme betroffenen Verwaltungsträger[117] Rechtsschutz gegen bevorstehende Planungsmaßnahmen, sofern das besondere Rechtsschutzinteresse für vorbeugenden Rechtsschutz gegeben ist[118]. Hiernach kann die Unterlassung einer Bebauungsplanung durch eine Gemeinde mit einer allgemeinen Leistungsklage geltend gemacht werden[119]. Die vorbeugende Unterlassungsklage kommt ferner beispielsweise als Rechtsschutzinstrument gegenüber der bevorstehenden Genehmigung eines Kernkraftwerkes in Betracht[120].

VI. Zusammenfassung und Zwischenergebnis

Bezüglich der Funktion der allgemeinen Leistungsklage im Rechtsschutzsystem der VwGO und ihrer Bedeutung für den Rechtsschutz des Bürgers gegen die Exekutive lassen sich zusammenfassend folgende Grundsätze aufstellen:

---

[112] Vgl. BFH vom 13. 9. 1972, BFHE 107, 253; vgl. auch den ähnlichen Fall bei BVerwG vom 4. 6. 1970, NJW 1970, 1760.
[113] Vgl. VG Köln — 1 K 2264/63 —, unveröffentlichtes Urteil, nachgewiesen bei *Schade*, Seite 39; BVerwG vom 2. 7. 1979, MDR 1980, 165.
[114] Vgl. zu einem solchen Fall BVerwG vom 16. 4. 1971, DVBl. 1971, 746 sowie OVG Saarland vom 7. 7. 1978, BauR 1978, 467.
[115] Zum Plan als Handlungsform der Verwaltung vgl. *Erichsen / Martens*, § 22, Seite 247 ff.; *Obermayer*, Verwaltungsrecht, Seite 267 ff.
[116] Vgl. hierzu *Löhr*, DVBl. 1980, 13, 21; *Redeker / von Oertzen*, § 42, Rdnr. 163; BVerwG vom 29. 7. 1977, DVBl. 1977, 897; BVerwG vom 21. 2. 1973, DVBl. 1973, 448; OVG Lüneburg vom 17. 4. 1973, NJW 1974, 821.
[117] Vgl. *Blümel*, DVBl. 1973, 436; BVerwG vom 29. 7. 1977, DVBl. 1977, 897.
[118] Vgl. hierzu *Ule*, VerwArch. 65, 292; *Löhr*, DVBl. 1980, 21.
[119] BVerwG vom 29. 7. 1977, DVBl. 1977, 897.
[120] OVG Berlin vom 2. 5. 1977, DVBl. 1977, 901.

A. Die allgemeine Leistungsklage im Verwaltungsrechtsstreit

1. Der Bürger hat in allen öffentlich-rechtlichen Streitigkeiten nichtverfassungsrechtlicher Art mit einem Verwaltungsträger einen Anspruch auf verwaltungsgerichtlichen Rechtsschutz.

2. Diesen Rechtsschutzanspruch kann der Bürger mittels Gestaltungs-, Leistungs- und Feststellungsklagen durchsetzen. Für die Beantwortung der Frage, mit welcher Klageart der Bürger sein Rechtsschutzbegehren im konkreten Fall durchsetzen kann, ist entscheidend, worauf sich das Rechtsschutzbegehren richtet. Soweit sich der Streit mit einem Verwaltungsträger auf die Aufhebung oder den Erlaß eines Verwaltungsaktes bezieht, stehen dem Bürger die Anfechtungs- und Verpflichtungsklage zur Verfügung. Ist der Streit dagegen auf Abwehr oder Vornahme einer „tatsächlichen Verwaltungshandlung"[1] oder einer rechtsgeschäftlichen Willenserklärung gerichtet, so kann der Bürger eine allgemeine Leistungsklage erheben. Nur soweit der Bürger seine Rechte durch eine der vorgenannten Klagearten nicht verfolgen kann bzw. hätte verfolgen können oder falls ein effektiver Rechtsschutz durch eine dieser Klagearten nicht zu verwirklichen ist, kann auf die subsidiär zulässige Feststellungsklage zurückgegriffen werden.

3. Mit einer allgemeinen Leistungsklage kann der Bürger die Verurteilung eines Verwaltungsträgers zu einem positiven Tun sowie zu einem Dulden oder Unterlassen erreichen. Das positive Tun eines Verwaltungsträgers kann sowohl in der Beseitigung der rechtsbeeinträchtigenden Folgen einer Verwaltungshandlung als auch in der Vornahme einer den Bürger begünstigenden Verwaltungshandlung bestehen. Insoweit weist die allgemeine Leistungsklage in ihrer Rechtsschutzfunktion Parallelen zu der Anfechtungs- und Verpflichtungsklage auf. Mit der Duldungs- und Unterlassungsklage kann sich der Bürger präventiv gegenüber drohenden künftigen Verwaltungshandlungen einer Behörde zur Wehr setzen, wobei die abzuwehrende Verwaltungshandlung auch im Erlaß eines Verwaltungsaktes bestehen kann.

4. Hat ein Bürger ein allgemeines Leistungsurteil, gerichtet auf ein positives Tun, Dulden oder Unterlassen eines Verwaltungsträgers erwirkt, so steht gemäß § 121 VwGO die Leistungspflicht des verurteilten Verwaltungsträgers gegenüber dem Bürger fest. Angesichts der in Art. 20 Abs. 3 GG ausgesprochenen Bindung des verurteilten Verwaltungsträgers an Recht und Gesetz müßte es eigentlich selbstverständlich sein, daß dieser das zu seinen Lasten ergangene Urteil respektiert und freiwillig die titulierte Leistung er-

---

[1] Vgl. zu diesem Begriff oben unter A, IV, 2.

VI. Zusammenfassung und Zwischenergebnis

bringt[2]. Denn jedes andere Verhalten wäre mit dem Grundsatz der Rechtsstaatlichkeit unvereinbar[3]. Daher hat der Bürger mit der Titulierung seines Anspruchs auf ein Tun, Dulden oder Unterlassen auch regelmäßig sein Rechtsschutzziel erreicht.

Wie jedoch die Praxis zeigt[4], ist es nicht nur theoretisch vorstellbar, daß ein Verwaltungsträger ein zu seinen Lasten ergangenes Urteil nicht respektiert und den gerichtlichen Leistungsbefehl nicht erfüllt[5]. Wie der Bürger in einem solchen Fall sein Rechtsschutzziel verwirklichen kann, wird im weiteren Gang der Untersuchung zu erörtern sein.

---

[2] Von dieser Erwartung ist auch der Gesetzgeber der VwGO ausgegangen. Vgl. BTDrucks. III, 55, Seite 49. Vgl. hierzu auch *Bachof*, Verfassungsrecht, Bd. II Nr. 210, Seite 205; *Geiger*, MDR 1960, 887; *Rupp*, AÖR 85, 325; BVerwG vom 28. 10. 1970, BVerwGE 36, 179 (181 f.); OVG Münster vom 12. 12. 1973, NJW 1974, 917.

[3] Vgl. *Bachof*, Klage, Seite 149; *Bettermann*, DVBl. 1969, 121; *Scherer*, Seite 52 ff.; *Ule*, DVBl. 1959, 537 (540).

[4] Vgl. OVG Lüneburg vom 15. 6. 1965, DVBl. 1965, 777; OVG Lüneburg vom 17. 3. 1967, DVBl. 1969, 119; OVG Lüneburg vom 10. 12. 1974, MDR 1975, 173; VGH Mannheim vom 10. 5. 1973, NJW 1973, 1518; VGH Mannheim vom 12. 5. 1976, DVBl. 1977, 211; OVG Münster vom 12. 12. 973, NJW 1974, 917; VG Köln vom 5. 7. 1968, DVBl. 1968, 712. Vgl. auch *Bachof*, Klage, Seite 150; *Scherer*, Seite 4 f.; *Ule*, Schriftenreihe Speyer, Seite 40 f.

[5] Wegen der möglichen Beweggründe für ein solches Verhalten vgl. *Bachof*, Klage, Seite 149; *Scherer*, Seite 82 f.

B. Die Zwangsvollstreckung aus allgemeinen Leistungsurteilen gegen einen Verwaltungsträger

Hat ein Bürger ein verwaltungsgerichtliches Leistungsurteil gegen einen Träger öffentlicher Verwaltung erwirkt und weigert sich dieser, den titulierten Leistungsanspruch zu erfüllen, so stellt sich für den im Rechtsstreit siegreichen Bürger die Frage, welche Möglichkeiten er hat, das Urteil auch gegen den Willen des öffentlich-rechtlichen Schuldners zu verwirklichen.

Zunächst könnte der Betroffene in einem solchen Fall versuchen, etwa durch eine Dienstaufsichtsbeschwerde, durch Anrufung der Volksvertretung mit einer Petition oder auch durch Unterrichtung der Presse mittelbar Druck auf den verurteilten Verwaltungsträger auszuüben[1]. Erscheint dem Bürger ein solches Vorgehen als zu umständlich oder führen solche indirekten Druckmittel nicht zum gewünschten Erfolg, so kann er nur noch versuchen, das verwaltungsgerichtliche Urteil im Wege der Zwangsvollstreckung durchzusetzen.

I. Die Zulässigkeit verwaltungsgerichtlicher Vollstreckungsmaßnahmen gegen Verwaltungsträger

Die VwGO geht in §§ 170, 172 wie selbstverständlich davon aus, daß verwaltungsgerichtliche Leistungsurteile auch gegenüber der öffentlichen Hand vollstreckt werden können. Somit kann ein Verwaltungsträger nicht nur, wie jeder Bürger, zu einer bestimmten Leistung verurteilt werden, sondern im Grundsatz ebenso wie jedes andere Rechtssubjekt auch dazu gezwungen werden, die im Urteil festgelegte Leistung zu erbringen.

Daß dies durchaus keine Selbstverständlichkeit ist, ergibt sich bereits daraus, daß in zahlreichen ausländischen Rechtssystemen ein solches Vorgehen gegen Verwaltungsträger nicht statthaft ist[2]. Insbesondere für das französische Recht wird herrschend die Auffassung vertreten,

---

[1] Eine Zusammenstellung solcher indirekten Zwangsmittel findet sich bei *Scherer*, Seite 61 ff., 89 ff., 100 ff. Vgl. hierzu auch *Ipsen*, MDR 1949, 507; OVG Hamburg vom 26. 3. 1949, MDR 1949, 506.

[2] Vgl. hierzu allgemein *Bullinger*, Seite 211 f. Vgl. auch die Hinweise bei *Bachelet*, Seite 502; *Bradley*, Seite 362; *Dagtoglou*, VerwArch. 50, 165; *Eichenberger*, Seite 980; *Falla*, Seite 1012; *Fujita / Ogawa*, Seite 540; *Tsatsos*, Seite 316; *Vélu*, Seite 94.

I. Zulässigkeit von Vollstreckungsmaßnahmen gegen Verwaltungsträger 63

Zwangsvollstreckungsmaßnahmen gegenüber staatlichen Organen seien unzulässig[3].

1. Die Bedenken gegen die Zulässigkeit von Zwangsvollstreckungsmaßnahmen gegen einen Verwaltungsträger

Auch für das deutsche Recht vertrat *Otto Mayer*[4] die Ansicht, gegenüber einem Hoheitsträger sei die Anwendung von Zwang zur Durchsetzung eines Gerichtsurteils unzulässig[5]. *Otto Mayer* ging davon aus, es sei widersinnig, wenn der Staat als Hort des Rechts im Namen dieses Rechts mit äußerem Zwang dazu gebracht werden solle, sein eigenes Recht zu achten und ihm genugzutun. Dies sei mit dem Recht eines Staates auf „Achtung und Ehre" unvereinbar[6]. Ferner sei es fraglich, ob ein gerichtliches Zwangsvollstreckungsverfahren mit dem Grundsatz der Gewaltenteilung vereinbar sei[7]. Davon abgesehen bestehe aber auch kein praktisches Bedürfnis dafür, Zwangsvollstreckungsmaßnahmen gegenüber einem Verwaltungsträger zuzulassen, da der Staat, anders als sonstige Schuldner, stets leistungsfähig und leistungswillig sei[8].

Diese Bedenken können jedoch nicht überzeugen und sind lediglich von historischer Bedeutung[9].

Es ist durchaus nicht widersinnig, wenn die rechtsprechende Gewalt ihre Urteile mit Zwangsmaßnahmen gegen einen Hoheitsträger durchsetzt[10]. Denn ein solches Verfahren richtet sich nicht gegen den Staat als „Hort des Rechtes", sondern soll lediglich verhindern, daß sich der konkrete Wille eines Staatsorgans dem im Urteil verbindlich ausgesprochenen, übergeordneten Staatswillen widersetzt. Insoweit richtet sich eine Zwangsvollstreckungsmaßnahme des Staates nicht gegen den Staat selber; durch eine solche Maßnahme wird lediglich ein einzelnes

---

[3] Vgl. *Fromont*, Seite 263 f. Vgl. hierzu auch *Bachof*, Klage, Seite 151; *Miedtank*, Seite 9; *Platz*, Seite 77.

[4] Vgl. *Mayer*, § 32, Seite 381.

[5] Vgl. hierzu auch *Bachof*, Klage, Seite 150 ff.; *Ipsen*, MDR 1949, 508; *Miedtank*, Seite 4 ff.; *Platz*, Seite 77 ff., 98 ff.; *Scherer*, Seite 125.

[6] Vgl. *Mayer*, § 32, Seite 381. Zu diesem Bedenken ausführlich *Miedtank*, Seite 5 f. und *Platz*, Seite 87 ff.

[7] Vgl. hierzu *Forsthoff/Simons*, Seite 8, 27 ff. Vgl. zu diesen Bedenken auch *Platz*, Seite 84 ff.

[8] Dieses Bedenken beruht auf dem alten römischen Rechtssatz „fiscus semper idoneus successor sit et solvendo". Vgl. dazu den Nachweis bei *Miedtank*, Seite 7, Fn. 20.

[9] Vgl. *Bachof*, Klage, Seite 150 ff.; *Ipsen*, MDR 1949, 508; *Miedtank*, Seite 4 ff.; *Platz*, Seite 83 ff.; *Redeker/von Oertzen*, § 172, Rdnr. 1.

[10] Vgl. hierzu im einzelnen *Bachof*, Klage, Seite 150 f.

Staatsorgan, das sich durch seine Verhaltensweise zu dem gerichtlich festgestellten, wirklichen Staatswillen in Widerspruch setzt, durch ein anderes Staatsorgan zur Einhaltung der Rechtsordnung gewungen[11].

Ein solches Verfahren ist auch mit dem „Recht eines Staates auf Achtung und Ehre"[12] vereinbar. Denn „Achtung und Ehre" eines Staates werden nur dadurch in Frage gestellt, daß ein Staatsorgan sich dem verbindlich festgestellten Recht widersetzt, nicht aber dadurch, daß das sich widersetzende Staatsorgan zur Einhaltung des Rechtes gezwungen wird[13].

Dieser zwangsweise Eingriff der rechtsprechenden Gewalt in den Funktionsbereich der Exekutive verstößt entgegen den geschilderten Bedenken auch nicht gegen den Grundsatz der Gewaltenteilung[14].

Der Grundsatz der Gewaltenteilung gebietet eine konkrete Ausgestaltung der „Funktionentrennung"[15] der rechtsetzenden, vollziehenden und rechtsprechenden Gewalt, wie das Grundgesetz sie in Art. 92, 19 Abs. 4, 20 Abs. 3 vorgenommen hat. Insoweit beschränkt sich das Erfordernis der Gewaltenteilung auf einen „sinnvollen Ausgleich der Kräfteverhältnisse im Staat"[16] durch wechselseitige Kontrolle und Hemmung der Staatsgewalten[17], ohne daß eine strenge Trennung der Gewalten erforderlich wäre. Ausfluß des so verstandenen Gewaltenteilungsprinzips ist es, daß die Judikative die Exekutive zur Erbringung einer bestimmten Leistung an den Bürger verurteilen kann. Bereits diese gerichtliche Verurteilung beinhaltet einen verfassungsrechtlich zulässigen Eingriff der rechtsprechenden Gewalt in den Funktionsbereich der Exekutive. Die tatsächliche Durchsetzung des Leistungsbefehls durch die Judikative stellt lediglich die notwendige Konsequenz dieses von der Rechtsordnung zugelassenen Eingriffs dar[18]. Sowohl die Kontrollfunktion der Judikative gegenüber der Exekutive als auch der durch Art. 19 Abs. 4 GG garantierte Rechtsschutzanspruch des einzelnen wären nur theoretischer Natur, wenn die Judikative nicht die Möglichkeit hätte, ihre verbindlichen Befehle auch gegen den Willen der Exekutive durchzusetzen.

---

[11] *Bachof*, Klage, Seite 151.
[12] *Mayer*, § 32, Seite 381.
[13] *Bachof*, Klage, Seite 151.
[14] *Bachof*, Klage, Seite 152 f.; *Miedtank*, Seite 10; *Platz*, Seite 87.
[15] Vgl. hierzu *von Mutius*, Festschrift Wolff, Seite 167 (179).
[16] *Czermak*, DÖV 1967, 673 (674).
[17] Vgl. *Erichsen*, VerwArch. 62, 419; *Maunz / Dürig*, Art. 20, Abschnitt V., Rdnr. 9 ff.; *Wolff / Bachof*, § 16, Seite 67 ff.; BVerfG vom 28. 11. 1957, BVerfGE 7, 188; BVerfG vom 27. 4. 1959, BVerfGE 9, 268 (279).
[18] Vgl. *Bachof*, Klage, Seite 153; *Ipsen*, MDR 1949, 508.

I. Zulässigkeit von Vollstreckungsmaßnahmen gegen Verwaltungsträger

Für die Zulassung von Zwangsvollstreckungsmaßnahmen gegenüber einem Verwaltungsträger bestehen entgegen der Auffassung von *Otto Mayer* auch praktische Bedürfnisse. Denn in Ausnahmefällen kann auch der Staat als Schuldner leistungsunfähig oder leistungsunwillig sein[19]. So hat es sich z. B. während der Weltwirtschaftskrise vor dem 2. Weltkrieg gezeigt, daß auch öffentlich-rechtliche Schuldner in Zahlungsschwierigkeiten geraten und Vollstreckungen in deren Finanzvermögen fruchtlos ausfallen können[20].

Daß auch die grundsätzliche Leistungswilligkeit eines Verwaltungsträgers im Einzelfall in Leistungsunwilligkeit umschlagen kann, hat sich auch in der Vergangenheit gezeigt. Hier mag der Hinweis auf den Rechtsstreit der Nationaldemokratischen Partei Deutschlands gegen die Stadt Hannover genügen, in dessen Verlauf sich die Stadt Hannover trotz Androhung eines Zwangsgeldes weigerte, in Erfüllung einer einstweiligen Anordnung des Verwaltungsgerichts Hannover, der NPD die Stadthalle für eine Kundgebung zur Verfügung zu stellen[21].

Der Gesetzgeber der VwGO hat den dargestellten früheren Bedenken gegen die Statthaftigkeit von Zwangsvollstreckungsmaßnahmen gegenüber einem Verwaltungsträger zu Recht keine Bedeutung mehr zugemessen[22]. Hierfür hätte angesichts der grundgesetzlich verbürgten Garantie eines umfassenden Rechtsschutzes in Art. 19 Abs. 4 GG auch kein Raum bestanden.

Zwar garantiert Art. 19 Abs. 4 GG seinem Wortlaut nach lediglich, daß dem Bürger zum Schutz seiner individuellen Rechtssphäre in allen Streitigkeiten mit der öffentlichen Gewalt der Rechtsweg offensteht. In dieser Rechtsweggarantie erschöpft sich die Bedeutung dieses „formellen Hauptgrundrechtes"[23] jedoch nicht. Aus Art. 19 Abs. 4 GG ergibt sich vielmehr darüber hinaus die Verpflichtung der rechtsprechenden

---

[19] Vgl. hierzu *Bachof*, Klage, Seite 149 f.; *Miedtank*, Seite 7 ff., *Platz*, Seite 83.

[20] Vgl. *Forsthoff / Simons*, Seite 5; *Miedtank*, Seite 8. *Forsthoff / Simons* nahmen diese Tatsache zum Anlaß, eine Zusammenstellung der Vorschriften über die Zwangsvollstreckung gegen Rechtssubjekte des öffentlichen Rechts vorzulegen, um „dem Gläubiger von Rechtssubjekten des öffentlichen Rechts die Wege aufzuzeigen, die zu seiner Befriedigung führen"; vgl. *Forsthoff / Simons*, Seite 5.

[21] Vgl. hierzu OVG Lüneburg vom 17. 3. 1967, DVBl. 1969, 119. Vgl. zu diesem Fall auch *Bethge*, SKV 1972, 123; *Bettermann*, DVBl. 1969, 121; *Jülich*, DVBl. 1968, 848; *Ule*, Schriftenreihe Speyer, Seite 40 f.

[22] Vgl. die amtliche Begründung zu § 168 EVwGO, BTDrucks. III, 55, Seite 49. Auch der Entwurf einer Verwaltungsprozeßordnung geht mit Selbstverständlichkeit von Zwangsvollstreckungsmaßnahmen gegen Verwaltungsträger aus. Vgl. die Begründung zu § 196 und zu § 200, Entwurf VwPO, Seite 402 ff., 416 f.

[23] *Klein*, VVDStRL 8, 67 (85, 123).

Gewalt, dem Bürger auch tatsächlich die Verwirklichung seiner Rechte gegenüber der Exekutive zu ermöglichen[24].

Berücksichtigt man des weiteren, daß der Schutz und die Verwirklichung aller Grundrechte, auch des Postulats des Art. 19 Abs. 4 GG, durch entsprechende Verfahrensgestaltung zu sichern ist[25] und daher gerade Art. 19 Abs. 4 GG in besonderem Maße das Gerichtsverfahrensrecht beeinflussen muß[26], wird deutlich, daß aus Art. 19 Abs. 4 GG die Verpflichtung folgt, die verfahrensrechtlichen Voraussetzungen dafür zu schaffen, daß die rechtsprechende Gewalt ein verwaltungsgerichtliches Urteil, durch das ein Verwaltungsträger zu einer bestimmten Leistung verurteilt worden ist, mit Zwangsmitteln durchsetzen kann, wenn der verurteilte öffentlich-rechtliche Schuldner sich weigert, den für ihn nach § 121 VwGO verbindlichen Leistungsbefehl zu erfüllen[27]. Anderenfalls bliebe in einem solchen Fall die Rechtsschutzgarantie des Art. 19 Abs. 4 GG unerfüllt.

2. Die Aussagen der VwGO zur Zwangsvollstreckung aus verwaltungsgerichtlichen Leistungsurteilen

Die VwGO enthält in ihrem 17. Abschnitt kein umfassendes, in sich geschlossenes System für die Zwangsvollstreckung aus verwaltungsgerichtlichen Leistungsurteilen gegen einen Verwaltungsträger.

Während sich die Zwangsvollstreckung aus Verpflichtungsurteilen nach § 172 VwGO[28] richtet, wird die Zwangsvollstreckung aus allgemeinen Leistungsurteilen durch § 170 VwGO nur für den Fall ausdrücklich geregelt, daß Gegenstand des Urteils ein Zahlungsanspruch gegen eine Behörde ist. Über die Vollstreckung anderer allgemeiner Leistungsurteile gegen Verwaltungsträger trifft die VwGO keine Aussage.

---

[24] Vgl. hierzu *Just*, Seite 134; *v. Mangoldt / Klein*, Art. 19, Anm. VII, Seite 68 f.; *Maunz / Dürig*, Art. 19 Abs. 4 Rdnr. 9, 12; *Rupp*, AÖR, 85, 326; *Schmidt-Bleibtreu / Klein*, Art. 19, Rdnr. 16; BVerfG vom 5. 2. 1963, BVerfGE 15, 275 (281 f.); BVerfG vom 29. 10. 1975, NJW 1976, 141; BVerwG vom 29. 10. 1963, BVerwGE 17, 83 (85 ff.).

[25] Vgl. zu den Auswirkungen der Grundrechte auf das Verwaltungsverfahrensrecht BVerfG vom 20. 12. 1979, NJW 1980, 759 (762 f.).

[26] Vgl. hierzu *Leibholz / Rinck*, Art. 19, Rdnr. 10, mit zahlreichen Nachweisen aus der Rechtsprechung des Bundesverfassungsgerichts.

[27] So die h. M., vgl. *Bachof*, Klage, Seite 164; *Hans*, DVBl. 1956, 856; *Maunz / Dürig*, Art. 19 Abs. 4, Rdnr. 13; *Menger*, VerwArch. 49, 280; *Miedtank*, Seite 17; *Schunck / De Clerck*, § 167, Anm. 1 b; LVG Arnsberg vom 31. 10. 1957, NJW 1958, 116. a. A. *Bettermann*, Grundrechte, Seite 805; *Ule*, DVBl. 1959, 540.

[28] Zum Verfahren des § 172 VwGO vgl. *Miedtank*, Seite 119 ff.; *Thomas*, BayVBl. 1967, 339.

Auch die vorläufige Vollstreckbarkeit[29] verwaltungsgerichtlicher Leistungsurteile ist nur bezüglich des Verpflichtungsurteils ausdrücklich normiert. Dieses Urteil ist — wie das Anfechtungsurteil[30] — gemäß § 167 Abs. 2 VwGO nur wegen der Kosten vorläufig vollstreckbar.

Darüber hinaus enthält die VwGO in § 168 eine abschließende Aufzählung der möglichen Vollstreckungstitel[31] und bestimmt in § 167 Abs. 1 Satz 2 das Gericht des ersten Rechtszuges — regelmäßig also das Verwaltungsgericht[32] — zum Vollstreckungsgericht[33]. Soweit die VwGO für die Vollstreckung verwaltungsgerichtlicher Leistungsurteile keine Regelung trifft, verweist § 167 Abs. 1 Satz 1 VwGO generell auf das 8. Buch der ZPO. Diese generelle Verweisung hat zur Folge, daß die allgemeinen Verfahrensbestimmungen des 1. Abschnitts im 8. Buch der ZPO[34] — insbesondere auch die vollstreckungsrechtlichen Rechtsbehelfe der ZPO[35] — bei der Zwangsvollstreckung aus verwaltungsgerichtlichen Leistungsurteilen entsprechende Anwendung finden.

Ob diese Generalverweisung in § 167 Abs. 1 Satz 1 VwGO auch hinsichtlich der Zwangsvollstreckung gegen einen Verwaltungsträger aus solchen allgemeinen Leistungsurteilen, die keine Zahlungsurteile sind, eingreift oder ob insoweit die in § 172 VwGO für die Zwangsvollstreckung aus Verpflichtungsurteilen getroffene Regelung entsprechend heranzuziehen ist, wird im weiteren Verlauf der Untersuchung zu klären sein.

II. Zwangsvollstreckung aus Zahlungsurteilen

Da die Zwangsvollstreckung aus verwaltungsgerichtlichen Zahlungsurteilen gegen Verwaltungsträger in § 170 VwGO gesondert geregelt ist, soll dieses Vollstreckungsverfahren vorab dargestellt werden.

---

[29] Zur vorläufigen Vollstreckbarkeit verwaltungsgerichtlicher Entscheidungen vgl. *Just*, Seite 20 ff.

[30] Vgl. hierzu *Just*, Seite 31 ff.; *Thomas*, BayVBl. 1967, 335.

[31] Vgl. hierzu *Thomas*, BayVBl. 1967, 335 f., *Wolff*, § 177 I, Seite 453. Zu der streitigen Frage, ob auch ein Prozeßvergleich gemäß § 172 VwGO vollstreckt werden kann, vgl. *Kopp*, § 172, Rdnr. 2 mit zahlreichen Nachweisen.

[32] In den Fällen der §§ 48, 50 VwGO kann auch ein Oberverwaltungsgericht oder das Bundesverwaltungsgericht Gericht des ersten Rechtszuges sein.

[33] Anders § 196 Abs. 2 EVwPO, der generell das Amtsgericht als Vollstreckungsgericht bestimmt.

[34] Eine Übersicht über die entsprechend anwendbaren Vorschriften und Verfahrensgrundsätze findet sich bei *Eyermann / Fröhler*, § 167, Rdnr. 8 ff.; *Thomas*, BayVBl. 1967, 335 ff.; *Ule*, Prozeßrecht, § 70, Seite 324 ff.

[35] Vgl. hierzu *Eyermann / Fröhler*, § 167, Rdnr. 10 f.; *Redeker / von Oertzen*, § 167, Rdnr. 5; *Schunck / De Clerck*, § 167, Anm. 2.

B. Die Zwangsvollstreckung aus allgemeinen Leistungsurteilen

Die Vorschrift des § 170 VwGO, die § 882 a) ZPO nachgebildet ist[1], regelt die Zwangsvollstreckung aus verwaltungsgerichtlichen Zahlungstiteln gegen *alle* Träger öffentlicher Verwaltung[2] mit Ausnahme der öffentlich-rechtlichen Kreditinstitute[3], also auch die Zwangsvollstreckung gegen Gemeinden und Gemeindeverbände[4]. Die Vollstreckungsvorschriften in den Gemeindeordnungen der Länder, wie etwa § 114 GO NW, sind somit für die Zwangsvollstreckung aus *verwaltungsgerichtlichen* Zahlungsurteilen ohne Bedeutung[5].

Hat ein Bürger einen verwaltungsgerichtlichen Zahlungtitel gegen einen Verwaltungsträger erwirkt und will er aus diesem Titel vollstrecken, so unterliegt das Vollstreckungsverfahren, wie in dem vergleichbaren Fall des § 882 a) ZPO[6], bestimmten Beschränkungen[7].

Der Gläubiger kann die Zwangsvollstreckung gemäß § 170 Abs. 1 Satz 1 VwGO erst dann durchführen lassen, wenn das Gericht des ersten Rechtszuges, in der Regel also das Verwaltungsgericht[8], auf seinen Antrag hin die Zwangsvollstreckung verfügt hat[9]. Vor Erlaß dieser Vollstreckungsverfügung muß das Gericht nach § 170 Abs. 2 VwGO den Schuldner von der beabsichtigten Vollstreckung benachrichtigen und ihn auffordern, die Vollstreckung binnen einer Frist von höchstens einem Monat abzuwenden[10]. Erfüllt der öffentlich-rechtliche Schuldner innerhalb der vom Gericht festgesetzten Frist die titulierte Forderung nicht, so erläßt das Verwaltungsgericht in der Form des Beschlusses die Vollstreckungsverfügung. In dieser Vollstreckungsverfügung bestimmt es die vorzunehmende Vollstreckungsmaßnahme.

---

[1] Zu § 882 a) ZPO vgl. *Miedtank*, Seite 37 ff.

[2] Auch soweit ein Verwaltungsträger einen verwaltungsgerichtlichen Zahlungstitel gegen einen anderen Verwaltungsträger erwirkt hat, richtet sich das Zwangsvollstreckungsverfahren nach § 170 VwGO, vgl. *Redeker / von Oertzen*, § 170, Rdnr. 1.

[3] Vgl. § 170 Abs. 4 VwGO.

[4] Anders §§ 882 a) ZPO, 15 Nr. 3 EGZPO.

[5] Vgl. hierzu *Miedtank*, Seite 92; *Redeker / von Oertzen*, § 170, Rdnr. 2.

[6] Gemäß §§ 196 Abs. 1, 199 EVwPO soll sich unter Wegfall des § 170 VwGO entsprechenden Regelung die Zwangsvollstreckung wegen einer Geldforderung gegen einen Verwaltungsträger generell nach § 882 a) ZPO richten. Vgl. Begründung zu § 196 EVwPO in Entwurf VwPO, Seite 405.

[7] Um Wiederholungen zu vermeiden, wird wegen der Einzelheiten des Verfahrens auf die ausführliche Darstellung bei *Miedtank*, Seite 91 ff., Bezug genommen. Vgl. hierzu ferner *Klinger*, § 167, Anm. B I, B III; *Redeker / von Oertzen*, § 170, Rdnr. 3 ff.; *Thomas*, BayVBl. 1967, 338 f.

[8] Die Vollstreckungsverfügung muß vom vollständig besetzten Gericht, d. h. von allen Berufsrichtern, erlassen werden. Anders als bei § 169 VwGO kann der Vorsitzende hier nicht allein entscheiden.

[9] Eine Vollstreckungsklausel ist gemäß § 171 VwGO nicht erforderlich.

[10] Dieser Ankündigung bedarf es nach § 170 Abs. 5 VwGO nicht bei dem Vollzug einer einstweiligen Anordnung.

II. Zwangsvollstreckung aus Zahlungsurteilen

Hierbei ist es an etwaige Anträge des Gläubigers nicht gebunden, sondern entscheidet nach richterlichem Ermessen[11], welche Vollstreckungsmaßnahme im einzelnen in Betracht kommt. Ob in das bewegliche oder unbewegliche Vermögen vollstreckt wird, ob körperliche Sachen, Forderungen oder andere Vermögensrechte des öffentlich-rechtlichen Schuldners gepfändet werden sollen, bestimmt somit das Verwaltungsgericht. Gleichzeitig ersucht es die zuständige Stelle um die Durchführung der von ihm verfügten Vollstreckungsmaßnahme.

Während nach Inkrafttreten der VwGO zunächst unklar und umstritten war, wer *zuständige Stelle* im Sinne von § 170 Abs. 1 Satz 2 VwGO ist[12], hat sich inzwischen die Meinung durchgesetzt, daß sich die Zuständigkeit der zu ersuchenden Stelle im Sinne von § 170 Abs. 1 Satz 2 VwGO gemäß § 167 Abs. 1 Satz 1 VwGO nach den Vorschriften der ZPO bestimmt[13]. Zuständig für die Pfändung beweglicher Sachen ist somit gemäß §§ 753, 808 ZPO der Gerichtsvollzieher, während die Durchführung der Zwangsvollstreckung in Forderungen und andere Vermögensrechte gemäß § 828 ZPO dem Vollstreckungsgericht obliegt[14]. Da aber das Vollstreckungsgericht gemäß § 167 Abs. 1 Satz 2 VwGO auch das Verwaltungsgericht des ersten Rechtszuges ist, ist bei der Zwangsvollstreckung in Forderungen und andere Vermögensrechte, die um die Vornahme der Zwangsvollstreckung ersuchende und ersuchte Stelle regelmäßig identisch[15].

Bei der Durchführung der Pfändung selber ist zu beachten, daß nach § 170 Abs. 3 VwGO die Zwangsvollstreckung in solche Sachen unzulässig ist, die für die Erfüllung öffentlicher Aufgaben unentbehrlich sind und deren Veräußerung ein öffentliches Interesse entgegensteht.

---

[11] Vgl. *Miedtank*, Seite 98; *Redeker / von Oertzen*, § 170, Rdnr. 7; *Thomas*, BayVBl. 1967, 338.
[12] Vgl. *Rupp*, AÖR 85, 335; *Schunck / De Clerck*, § 170, Anm. 2 e; vgl. auch die weiteren Nachweise bei *Miedtank*, Seite 99 f.
[13] Vgl. *Eyermann / Fröhler*, § 170, Rdnr. 5; *Miedtank*, Seite 101; *Redeker / von Oertzen*, § 170, Rdnr. 8; *Thomas*, BayVBl. 1967, 338; *Ule*, Verwaltungsgerichtsbarkeit, § 170, Anm. II. Teilweise a. A. *Kopp*, § 170, Rdnr. 4.
[14] Die Zwangsvollstreckung in das unbewegliche Vermögen wird im Fall des § 867 ZPO auf Ersuchen des Verwaltungsgerichts durch das Grundbuchamt und im Fall des § 1 ZVG durch das zuständige Amtsgericht durchgeführt. Vgl. *Redeker / von Oertzen*, § 170, Rdnr. 8; *Kopp*, § 170, Rdnr. 4. Die Ansicht von *Miedtank*, Seite 101, auch für die Zwangsvollstreckung in das unbewegliche Vermögen sei alleine das Verwaltungsgericht zuständig, ist verfehlt. Er übersieht, daß das *Verwaltungsgericht* weder eine Zwangshypothek ins Grundbuch eintragen noch eine Zwangsversteigerung oder Zwangsverwaltung durchführen kann. Wie hier auch *Klinger*, § 167, Anm. B II 1 b.
[15] Wie *Miedtank*, Seite 101, nachgewiesen hat, handelt es sich insoweit um ein Redaktionsversehen. Denn die Regierungsvorlage hatte ursprünglich vorgesehen, Vollstreckungsgericht solle das zuständige Amtsgericht sein. Die diesbezügliche Änderung des § 167 Abs. 1 Satz 2 VwGO wurde dann nicht mit § 170 VwGO abgestimmt.

Hiernach ist das sogenannte Verwaltungsvermögen — z. B. Verwaltungsgebäude und Verwaltungseinrichtungen — unpfändbar, während das sogenannte Finanzvermögen — z. B. Geldforderungen des Vollstreckungsschuldners oder Grundstücke, die nicht der Erfüllung öffentlicher Aufgaben dienen, und ggf. auch Dienstfahrzeuge, die gemäß § 170 Abs. 3 VwGO entbehrlich sind —, der Vollstreckung unbeschränkt unterliegt[16].

III. Zwangsvollstreckung aus anderen allgemeinen Leistungsurteilen

Die Tatsache, daß die Zwangsvollstreckung gegen Träger öffentlicher Verwaltung aus solchen allgemeinen Leistungsurteilen, die keine Zahlungsurteile sind, im 17. Abschnitt der VwGO nicht ausdrücklich geregelt wird, ist nach Inkrafttreten der VwGO zunächst damit erklärt worden, für den Gesetzgeber habe kein Anlaß bestanden, neben der Vorschrift des § 172 VwGO die Zwangsvollstreckung wegen der Vornahme bestimmter Verwaltungshandlungen zu regeln.

Diese Auffassung knüpft an die frühere Erwähnung des Folgenbeseitigungsanspruches[1] in § 113 Abs. 1 Satz 2 VwGO a. F. an. Ausgehend von dieser bis zum 31. 12. 1981 geltenden Vorschrift[2] vertrat *Miedtank*[3] die Auffassung, soweit der Bürger einen Anspruch auf die Vornahme bestimmter Verwaltungshandlungen habe, die keine Verwaltungsakte sind, handele es sich jeweils um eine Form des in § 113 Abs. 1 Satz 2 VwGO angesprochenen Folgenbeseitigungsanspruchs, der, wenn er tituliert sei, stets nach § 172 VwGO zu vollstrecken sei. Darüber hinaus habe der Bürger keinen klagbaren Anspruch auf Vornahme bestimmter Verwaltungshandlungen, die keine Verwaltungsakte seien.

Diese Auffassung, der nach der Novellierung in § 113 Abs. 1 Satz 2 VwGO nur noch historische Bedeutung zukommt, verkannte jedoch die rechtliche Bedeutung des § 113 Abs. 1 Satz 2 VwGO a. F. Die Vorschrift des § 113 Abs. 1 Satz 2 VwGO a. F. erfaßte nur Ansprüche des Bürgers auf Vornahme solcher Verwaltungshandlungen, die zur Beseitigung von Beeinträchtigungen erforderlich sind, die infolge der Voll-

---

[16] Vgl. hierzu im einzelnen *Eyermann / Fröhler*, § 170, Rdnr. 6 ff.; *Miedtank*, Seite 102; *Redeker / von Oertzen*, § 170, Rdnr. 10; *Thomas*, BayVBl. 1967, 339.

[1] Vgl. zu diesem Rechtsinstitut und seiner wissenschaftlichen Ableitung *Bettermann*, DÖV 1955, 528; *Redeker / von Oertzen*, § 113, Rdnr. 5 ff.; *Rüfner*, § 53 V, Seite 493, *Schäfer / Bonk*, § 3, Rdnr. 1 ff. mit weiteren zahlreichen Nachweisen; *Stern*, Probleme, Seite 150 ff.; *Wolff / Bachof*, § 54 II, Seite 475.

[2] Zur Neuregelung in § 113 Abs. 5 VwGO aufgrund § 21 Nr. 2 StHG, *Schäfer / Bonk*, § 21, Rdnr. 4 ff.

[3] *Miedtank*, Seite 131 f.

ziehung eines gerichtlich aufgehobenen *Verwaltungsaktes* entstanden sind. Dieser durch § 113 Abs. 1 Satz 2 VwGO a. F. geregelte Fall war jedoch immer schon nur eine mögliche Erscheinungsform des sogenannten Folgenbeseitigungsanspruches. Daneben konnte und kann der Bürger — wie sowohl die Vorschrift des § 113 Abs. 5 VwGO als auch die umfassende Normierung des Folgenbeseitigungsanspruches in § 3 StHG bestätigen — auch dann einen Anspruch auf Folgenbeseitigung geltend machen, wenn ein befristeter Verwaltungsakt infolge Zeitablaufs erloschen ist[4] oder wenn seine Rechtssphäre durch einen hoheitlichen Realakt oder eine schlichte Verwaltungsäußerung mittelbar beeinträchtigt worden ist[5]. Da diese Erscheinungsformen des Folgenbeseitigungsanspruches nicht unmittelbar in den Regelungsbereich des § 113 Abs. 1 Satz 2 VwGO a. F. fielen, gab es auch nach dem bis zum 31. 12. 1981 geltenden Recht Folgenbeseitigungsansprüche, auf die die Vorschrift des § 172 VwGO ihrem Wortlaut nach unanwendbar war.

Davon abgesehen verkannte *Miedtank*, daß dem Bürger nach den Vorschriften des materiellen Verwaltungsrechtes aber auch Ansprüche auf Vornahme von Verwaltungshandlungen zustehen können, die keine Verwaltungsakte sind, ohne daß es sich dabei um eine Erscheinungsform des Folgenbeseitigungsanspruches handelt[6]. So kann der Bürger etwa einen Anspruch haben auf Erteilung einer bestimmten Auskunft durch das Einwohnermeldeamt[7] oder auf Teilnahme an einer Pressefahrt der Deutschen Bundesbahn[8] — beides Verwaltungshandlungen, die keine Regelung enthalten und folglich keine Verwaltungsakte sind.

Da sowohl unter Geltung des § 113 Abs. 1 Satz 2 VwGO a. F. als auch auf der Basis des geltenden Rechts nicht davon ausgegangen werden kann, der Wortlaut des § 172 VwGO erfasse alle denkbaren Vollstreckungsfälle wegen der Vornahme von Verwaltungshandlungen[9], bleibt

---

[4] Vgl. hierzu *Wolff / Bachof*, § 54 II c, Seite 478; VG Neustadt vom 3. 4. 1964, NJW 1965, 833.

[5] Vgl. hierzu *Erichsen*, VerwArch. 63, 217; *Martens*, Rechtsschutz, Seite 10; *Stern*, Probleme, Seite 74; *Wolff / Bachof*, § 43 II, Seite 332, § 54 II c, Seite 478; BVerwG vom 25. 8. 1971, NJW 1972, 269. Vgl. nun § 113 Abs. 5 VwGO 2. Alternative; hierzu *Schäfer / Bonk*, § 21, Rdnr. 7 f.

[6] Vgl. *Holland*, Klage, Seite 67 f.

[7] Vgl. hierzu *Foerster*, SKV 1970, 10; *Jung*, Seite 126 ff., 165 ff.; *Perschel*, JuS 1966, 234 ff.; *Reifenrath*, Seite 64 ff.; BVerwG vom 30. 4. 1965, DÖV 1965, 488; BVerwG vom 29. 11. 1974, NJW 1975, 1333; OVG Koblenz vom 10. 4. 1963, DÖV 1963, 553; OVG Münster vom 28. 6. 1972, NJW 1973, 110; OLG Hamm vom 8. 2. 1973, NJW 1973, 1089.

[8] Vgl. hierzu *Stern*, Probleme, Seite 14; BVerwG vom 3. 12. 1974, DVBl. 1975, 258.

[9] So auch die h. M. vgl. *Hoffmann-Becking*, VerwArch. 62, 191 (198); *Kopp*, § 172, Rdnr. 9; *Rabeneck*, Seite 164 ff.; *Rönnebeck*, Seite 127 ff.; *Rupp*, AÖR 85, 336; *Schweickhardt*, DÖV 1965, 795 (803); VGH Mannheim vom 10. 5. 1973, NJW 1973, 1519.

B. Die Zwangsvollstreckung aus allgemeinen Leistungsurteilen

zu prüfen, nach welchen Vorschriften allgemeine Leistungsurteile, die keine Zahlungsurteile sind, gegen einen Verwaltungsträger vollstreckt werden.

1. Die maßgeblichen Vollstreckungsnormen

Für die Zwangsvollstreckung gegen einen Verwaltungsträger aus allgemeinen Leistungsurteilen, die keine Zahlungsurteile sind[10], bieten sich zwei verschiedene Alternativen an.

Man könnte zunächst daran denken, das in § 170 VwGO oder § 172 VwGO vorgesehene Zwangsvollstreckungsverfahren entsprechend anzuwenden. Sofern diese Vorschriften hier nicht analog anwendbar sind, würde die Generalverweisung in § 167 Abs. 1 Satz 1 VwGO auf das 8. Buch der ZPO eingreifen.

a) Die Unanwendbarkeit des § 170 VwGO

Für eine analoge Anwendung des § 170 VwGO bei sonstigen allgemeinen Leistungsurteilen ließe sich lediglich anführen, daß das in dieser Vorschrift behandelte Zahlungsurteil ein allgemeines Leistungsurteil ist, und daß sich das dort geregelte Zwangsvollstreckungsverfahren gegen einen Verwaltungsträger richtet.

Das besondere Verfahren zur Vollstreckung von Geldforderungen kann jedoch nicht angewendet werden, wenn ein Urteil auf Vornahme oder Unterlassung einer Verwaltungshandlung vollstreckt werden soll.

Denn anders als im Falle eines Zahlungsurteils tritt bei einem auf Vornahme oder Unterlassung einer Handlung gerichteten Urteil keine Befriedigung des Gläubigers dadurch ein, daß Vermögensgegenstände des Schuldners zugunsten des Gläubigers zwangsweise veräußert werden. Der Gläubiger ist nur dadurch zu befriedigen, daß der Schuldner entsprechend dem Titel bestimmte Handlungen vornimmt oder unterläßt. Daher ist nur ein solches Zwangsvollstreckungsverfahren bei sonstigen allgemeinen Leistungsurteilen sinnvoll, das es ermöglicht, den öffentlich-rechtlichen Vollstreckungsschuldner zu den im Urteil festgesetzten Handlungen oder Unterlassungen zu zwingen. Da § 170 VwGO ein solches Zwangsverfahren nicht vorsieht, kann diese Sondernorm bei der Zwangsvollstreckung aus anderen allgemeinen Leistungsurteilen als Zahlungsurteilen nicht analog herangezogen werden[11].

---

[10] Wenn im folgenden von allgemeinen Leistungsurteilen die Rede ist, werden darunter nur noch solche verwaltungsgerichtlichen Urteile gegen Verwaltungsträger verstanden, die keine Zahlungsurteile sind.

[11] Vgl. *Klinger*, § 170, Anm. B I; *Kopp*, § 170, Rdnr. 2; *Rönnebeck*, Seite 128; *Schunck / De Clerk*, § 170, Anm. 2 b; *Schweikhardt*, DÖV 1965, 795 (803).

III. Zwangsvollstreckung aus anderen allgemeinen Leistungsurteilen

b) Die Unanwendbarkeit des § 172 VwGO

Da das Zwangsvollstreckungsverfahren des § 172 VwGO darauf gerichtet ist, einen Verwaltungsträger zur Vornahme einer in einem verwaltungsgerichtlichen Titel festgesetzten Verwaltungshandlung zu zwingen, könnte man daran denken, diese Vorschrift bei der Zwangsvollstreckung gegen Verwaltungsträger aus allgemeinen Leistungsurteilen, die keine Zahlungsurteile sind, entsprechend anzuwenden. Um diese Frage prüfen zu können, sind zunächst die Besonderheiten des in § 172 VwGO geregelten Zwangsvollstreckungsverfahrens aufzuzeigen[12].

aa) Das Zwangsvollstreckungsverfahren des § 172 VwGO

aa1) Die Vollstreckungstitel

Durch § 172 VwGO wird zunächst die Zwangsvollstreckung aus Verpflichtungsurteilen, § 113 Abs. 4 VwGO, geregelt. Daneben kommt das Verfahren des § 172 VwGO auch dann zur Anwendung, wenn eine Behörde in einem Anfechtungsurteil nach Aufhebung eines rechtswidrigen, bereits vollzogenen Verwaltungsaktes verpflichtet wird, die Vollziehung des aufgehobenen Verwaltungsaktes rückgängig zu machen[13]. Dieser Teil eines Anfechtungsurteils, der die Beseitigung der Folgen eines rechtswidrigen Verwaltungsaktes beinhaltet, ist seiner Form und seinem Inhalt nach ebenfalls ein vollstreckbarer Leistungstitel[14].

Schließlich findet das Zwangsvollstreckungsverfahren des § 172 VwGO nach dem Wortlaut dieser Vorschrift auch bei der Zwangsvollstreckung aus einer einstweiligen Anordnung Anwendung, durch die eine Behörde zu bestimmten Leistungen verpflichtet worden ist. Umstritten[15] ist, ob diese Aussage des § 172 VwGO uneingeschränkt für alle denkbaren Fälle einer einstweiligen Anordnung gegen einen Verwaltungsträger gilt.

Einigkeit besteht darin, daß solche einstweiligen Anordnungen dann nach § 172 VwGO vollstreckt werden, wenn sie sich auf eine bereits

---

[12] Zur Gesetzgebungsgeschichte des § 172 VwGO vgl. *Miedtank*, Seite 116 ff.
[13] Ob § 172 VwGO auch dann anwendbar ist, wenn sich ein Verwaltungsträger einer Verpflichtung i. S. von § 113 Abs. 4, Abs. 5 VwGO in einem Prozeßvergleich unterwirft, ist streitig. Vgl. hierzu *Geiger*, MDR 1960, 887; *Kopp*, § 172, Rdnr. 2; *Miedtank*, Seite 118 f.; *Redeker / von Oertzen*, § 172, Rdnr. 3; *Thomas*, BayVBl. 1967, 339; BayVGH vom 31. 3. 1970, BayVBl. 1970, 221; OVG Lüneburg vom 26. 9. 1967, NJW 1969, 205; OVG Münster vom 4. 11. 1975, DÖV 1976, 170.
[14] Vgl. *Redeker / von Oertzen*, § 113, Rdnr. 5; *Ule*, Verwaltungsgerichtsbarkeit, § 172.
[15] Vgl. hierzu *Redeker / von Oertzen*, § 172, Rdnr. 3; *Ule*, VerwArch. 65, 309; OVG Münster vom 12. 12. 1973, NJW 1974, 917.

erhobene oder in der Hauptsache zu erhebende Verpflichtungsklage beziehen.

Fraglich ist dagegen, ob das Vollstreckungsverfahren des § 172 VwGO auch dann *unmittelbar* Anwendung finden kann, wenn aus einer einstweiligen Anordnung gegen einen Verwaltungsträger vollstreckt werden soll, die im Vorfeld einer allgemeinen Leistungsklage ergangen ist. Wenn man vom Wortlaut des § 172 VwGO[16] ausgeht, könnte man diese Frage bejahen[17]. Denn der Wortlaut dieser Vorschrift unterscheidet nicht zwischen diesen beiden denkbaren Fällen einer einstweiligen Anordnung.

Demgegenüber ist jedoch zu bemerken, daß der Zweck des § 172 VwGO in der Hauptsache darin besteht, die Zwangsvollstreckung aus solchen verwaltungsgerichtlichen Titeln zu regeln, die im Rahmen einer auf Aufhebung oder Erlaß eines Verwaltungsaktes gerichteten öffentlich-rechtlichen Streitigkeit gegen einen Verwaltungsträger ergehen können. Dies spricht dafür, § 172 VwGO dahin gehend auszulegen, daß diese Vorschrift auch bei der Zwangsvollstreckung aus einstweiligen Anordnungen gegen einen Verwaltungsträger nur dann *unmittelbar* anwendbar ist, wenn die konkrete einstweilige Anordnung im Rahmen einer verwaltungsrechtlichen Streitigkeit ergeht, die in der Hauptsache auf Aufhebung oder Erlaß eines Verwaltungsaktes gerichtet ist.

Bezieht sich jedoch eine einstweilige Anordnung auf eine in der Hauptsache erhobene oder zu erhebende allgemeine Leistungsklage, so bestimmt sich das Vollstreckungsverfahren nach den Vorschriften, die bei der Zwangsvollstreckung aus allgemeinen Leistungsurteilen Anwendung finden[18]. Nur bei dieser einengenden Auslegung des § 172 VwGO ist es sichergestellt, daß die einstweilige verwaltungsgerichtliche Festsetzung einer Leistung eines Verwaltungsträgers nach den gleichen Vorschriften vollstreckt wird, wie die endgültige Entscheidung in der Hauptsache.

Ob jedoch bei der Zwangsvollstreckung aus einem allgemeinen Leistungsurteil und damit auch aus einer einstweiligen Anordnung, die

---

[16] Der dem § 172 VwGO entsprechende § 200 EVwPO regelt diese Streitfrage dahingehend, daß § 200 EVwPO nur bei der Zwangsvollstreckung aus einer einstweiligen Anordnung wegen der Verpflichtung zum Erlaß eines VA's anwendbar ist. Vgl. Entwurf VwPO, Seite 416.

[17] So, ohne auf das Problem einzugehen, *Rönnebeck*, Seite 128; *Schunck / De Clerk*, § 172, Anm. 3; *Schweickhardt*, DÖV 1965, 803; VG Köln vom 5. 7. 1968, DVBl. 1968, 712. Offenlassend OVG Münster vom 12. 12. 1973, NJW 1974, 917.

[18] So *Kopp*, § 172, Rdnr. 1; *Redeker / von Oertzen*, § 172, Rdnr. 3; VGH Mannheim vom 10. 5. 1973, NJW 1973, 1519. Ebenso für verwaltungsgerichtliche Unterlassungstitel, OVG Münster vom 12. 12. 1973, NJW 1974, 917; VGH Mannheim vom 12. 5. 1976, DVBl. 1977, 211; VGH Kassel vom 31. 3. 1976, NJW 1976, 1766.

III. Zwangsvollstreckung aus anderen allgemeinen Leistungsurteilen

im Vorfeld einer allgemeinen Leistungsklage ergangen ist, die Vorschrift des § 172 VwGO *entsprechend* anzuwenden ist, wird noch zu prüfen sein[19].

aa2) Der Ablauf des Verfahrens

Will ein Bürger aus einem Verpflichtungsurteil gegen einen Verwaltungsträger die Zwangsvollstreckung betreiben[20], so muß er zunächst, ähnlich wie im Fall des § 170 VwGO, einen entsprechenden Antrag beim Vollstreckungsgericht stellen. Dieses leitet auf Antrag des Vollstreckungsgläubigers hin die Zwangsvollstreckung aus dem Leistungstitel dann ein, wenn die allgemeinen Vollstreckungsvoraussetzungen vorliegen[21] und der Vollstreckungsschuldner, d. h. die verurteilte Behörde, die Urteilsverpflichtung nach Auffassung des Gerichts innerhalb einer angemessenen Frist nicht erfüllt hat[22]. Wenn diese Voraussetzungen erfüllt sind, *muß* das Vollstreckungsgericht die Zwangsvollstreckung aus dem Titel durchführen.

Zwar heißt es in § 172 VwGO, „so kann das Gericht" die Vollstreckung durchführen. Dennoch steht die Durchführung der Zwangsvollstreckung nach § 172 VwGO nicht im Ermessen des Gerichts[23]. Die Kann-Regelung in § 172 VwGO bedeutet lediglich, daß das Gericht auf den entsprechenden Antrag des Gläubigers hin zunächst zu prüfen hat, ob der Behörde die Erfüllung des Urteils in dem nach Rechtskraft verstrichenen Zeitraum billigerweise zugemutet werden konnte. Bejaht das Gericht diese Frage, so hat es die *Verpflichtung*, die Zwangsvollstreckung durchzuführen[24].

Gelangt das Verwaltungsgericht zu der Auffassung, daß insoweit die Voraussetzungen für die Zwangsvollstreckung erfüllt sind, so fordert

---

[19] Soweit im folgenden Aussagen zur Zwangsvollstreckung aus allgemeinen Leistungsurteilen gegen Verwaltungsträger gemacht werden, gelten diese daher auch für entsprechende einstweilige Anordnungen.

[20] Wegen des Zwangsvollstreckungsverfahrens im einzelnen vgl. *Redeker / von Oertzen*, § 172, Rdnr. 5 ff.; *Thomas*, BayVBl. 1967, 339 f.; *Ule*, Prozeßrecht, § 71, Seite 327 f.

[21] Im Fall des § 172 VwGO muß dem öffentlich-rechtlichen Vollstreckungsschuldner der mit einer Vollstreckungsklausel versehene Titel zugestellt werden. Die Vollstreckungsklausel ist lediglich gemäß §§ 123 Abs. 3 VwGO, 929 ZPO bei der Zwangsvollstreckung aus einer einstweiligen Anordnung entbehrlich.

[22] Vgl. hierzu im einzelnen *Miedtank*, Seite 119; *Thomas*, BayVBl. 1967, 339; vgl. auch BVerwG vom 30. 12. 1968, NJW 1969, 476 f.

[23] So auch die Regelung in der entsprechenden Vorschrift des § 200 EVwPO. Vgl. Entwurf VwPO, Seite 417.

[24] So die h. M., vgl. *Thomas*, BayVBl. 1967, 339; *Redeker / von Oertzen*, § 172, Rdnr. 5. A. A. anscheinend *Kopp*, § 172, Rdnr. 6; VG Köln vom 5. 7. 1968, DVBl. 1968, 712 (714). Vgl. Zum Problem auch BVerwG vom 30. 12. 1968, NJW 1969, 477.

es den öffentlich-rechtlichen Vollstreckungsschuldner durch Beschluß auf, innerhalb einer bestimmten Frist die titulierte Verpflichtung zu erfüllen. Gleichzeitig droht das Gericht für den Fall des fruchtlosen Ablaufs dieser Frist ein Zwangsgeld von höchstens 2 000,00 DM an[25,26]. Erfüllt die verurteilte Behörde auch innerhalb der ihr gesetzten Frist den Leistungstitel nicht, so setzt das Vollstreckungsgericht auf Antrag des Gläubigers[27] das Zwangsgeld durch erneuten Beschluß gegen ihn fest.

Dieser Zwangsgeldbeschluß wird nach dem Wortlaut des § 172 VwGO unmittelbar gegen den verurteilten Verwaltungsträger vollzogen[28]. Infolgedessen findet bei der Beitreibung des Zwangsgeldes, das der Staatskasse zufließt, die Vorschrift des § 170 VwGO Anwendung. Denn diese Schutzvorschrift zugunsten der Exekutive greift immer dann ein, wenn aus einem verwaltungsgerichtlichen Zahlungstitel gegen einen Verwaltungsträger vollstreckt wird[29]. Bei der Beitreibung des Zwangsgeldes ist jedoch der Rechtsgedanke des § 15 VwVG entsprechend heranzuziehen, so daß die Vollstreckung aus dem Zwangsgeldbeschluß dann einzustellen ist, wenn der Vollstreckungsschuldner, d. h die verurteilte Behörde, zwar erst nach Festsetzung, aber vor der tatsächlichen Beitreibung des Zwangsgeldes die urteilsmäßige Verpflichtung erfüllt[30,31].

---

[25] Die Bemessung der Frist und des Zwangsgeldes liegt im Ermessen des Gerichts und hat nach dem Grundsatz der Verhältnismäßigkeit zu erfolgen; vgl. *Miedtank*, Seite 121; *Thomas*, BayVBl. 1967, 340.

[26] Der Beschluß über die Androhung eines Zwangsgeldes kann dabei nicht mit dem Erlaß des die Behörde verpflichtenden Titels verbunden werden, sondern setzt vorherigen Erlaß und Zustellung des Vollstreckungstitels voraus. Vgl. VGH Mannheim vom 28. 7. 1977, NJW 1978, 287.

[27] Zu Unrecht geht *Miedtank* davon aus, diese Festsetzung erfolge ohne Antrag des Gläubigers. Ein erneuter Antrag ist bereits insoweit erforderlich, als das Gericht nicht aus eigener Sachkenntnis wissen kann, ob der Schuldner seine Pflicht innerhalb der gesetzten Frist erfüllt hat; so mit Recht *Redeker / von Oertzen*, § 172, Rdnr. 6.

[28] Vgl. hierzu *Jülich*, DVBl. 1968, 848; *Kellner*, MDR 1968, 965; *Miedtank*, Seite 128 ff.; *Platz*, Seite 146, *Rupp*, AÖR 85, 335 f.; *Ule*, Schriftenreihe Speyer, Seite 41.

[29] So die einhellige Meinung, vgl. *Eyermann / Fröhler*, § 172, Rdnr. 2; *Redeker / von Oertzen*, § 172, Rdn. 7; *Schunck / De Clerk*, § 172, Anm. 2 d; *Thomas*, BayVBl. 1967, 338; OVG Lüneburg vom 17. 3. 1967, DVBl. 1969, 119. Vgl. hierzu ausführlich *Miedtank*, Seite 122 ff.

[30] Vgl. *Bettermann*, DVBl. 1969, 120; *Miedtank*, Seite 125; *Redeker / von Oertzen*, § 172, Rdnr. 7; *Thomas*, BayVBl. 1967, 340.

[31] Umstritten ist, ob die Beitreibung des Zwangsgeldes auch dann einzustellen ist, wenn die zu erzwingende Verwaltungsmaßnahme auf einem befristeten Gebot beruht und diese Frist nach Festsetzung, aber vor Beitreibung des Zwangsgeldes verstrichen ist, so daß die im Urteil beschriebene Leistung nun infolge Zeitablaufs nicht mehr erbracht werden kann. Gegen den diese Frage bejahenden Beschluß des OVG Lüneburg vom 17. 3. 1967,

III. Zwangsvollstreckung aus anderen allgemeinen Leistungsurteilen 77

Erfüllt der verurteilte Verwaltungsträger auch nach Zahlung oder Beitreibung des gegen ihn verhängten Zwangsgeldes die titulierte Verpflichtung nicht, so *muß*[32] auf Antrag des Vollstreckungsgläubigers das Zwangsvollstreckungsverfahren wiederholt werden, also erneut durch das Vollstreckungsgericht ein Zwangsgeld festgesetzt und vollstreckt werden[33].

bb) Die Bedenken gegen eine analoge Anwendung des § 172 VwGO

Fraglich ist, ob das dargestellte Zwangsvollstreckungsverfahren des § 172 VwGO auch dann durchgeführt werden kann, wenn ein allgemeines Leistungsurteil gegen einen Verwaltungsträger im Wege der Zwangsvollstreckung durchgesetzt werden soll. Da das allgemeine Leistungsurteil im § 172 VwGO nicht ausdrücklich benannt ist, käme nur eine entsprechende Anwendung dieser Vorschrift in Betracht.

Eine analoge Anwendung des § 172 VwGO läge dann nahe, falls der Gesetzgeber der VwGO durch diese Vorschrift die Zwangsvollstreckung aus verwaltungsgerichtlichen Leistungsurteilen gegen Verwaltungsträger abschließend regeln wollte[34]. Hiergegen spricht jedoch sowohl die Stellung des § 172 VwGO im 17. Abschnitt der VwGO als auch die gesetzgeberische Ausgestaltung dieser Norm. Da nämlich in § 172 VwGO nur die Zwangsvollstreckung aus drei ausdrücklich benannten verwaltungsgerichtlichen Leistungstiteln geregelt ist, liegt es nahe, § 172 VwGO als Ausnahmevorschrift anzusehen, deren Anwendungsbereich über ihren Wortlaut hinaus nicht ausgedehnt werden kann.

Hierfür spricht auch der systematische Aufbau der §§ 167 ff. VwGO. In § 167 Abs. 1 Satz 1 VwGO wird gleich zu Beginn der vollstreckungsrechtlichen Vorschriften der VwGO der Grundsatz aufgestellt, daß für die Zwangsvollstreckung aus verwaltungsgerichtlichen Titeln das Vollstreckungsrecht der ZPO entsprechende Anwendung findet. Diese grundsätzliche Verweisung auf das 8. Buch der ZPO soll nur dann nicht eingreifen, soweit sich aus den Bestimmungen der VwGO etwas anderes ergibt. Aus dieser Aussage des § 167 Abs. 1 Satz 1 VwGO läßt sich die Folgerung ableiten, daß nur diejenigen verwaltungsgericht-

---

DVBl. 1969, 119, wendet sich zu Recht mit ausführlicher Begründung *Bettermann*, DVBl. 1969, 120: Vgl. zu dieser Frage auch VGH Mannheim vom 10. 5. 1973, NJW 1973, 1519.

[32] Auch die Wiederholung des Zwangsvollstreckungsverfahrens liegt nicht im Ermessen des Gerichts. Denn wenn die Durchführung des ersten Vollstreckungsverfahrens nicht im Ermessen des Gerichts liegt, so muß dies um so mehr für ein etwa erforderliches zweites Verfahren gelten. Vgl. hierzu *Miedtank*, Seite 125 f. a. A. anscheinend *Redeker / von Oertzen*, § 172, Rdnr. 7.

[33] Dieses Verfahren kann so lange wiederholt werden, bis die verurteilte Behörde das Urteil erfüllt.

[34] So *von Barby*, Seite 143 f.

lichen Titel nach den Vorschriften der VwGO vollstreckt werden sollen, die in den Bestimmungen der §§ 167 ff. VwGO ausdrücklich aufgeführt sind.

Daher steht die Generalverweisung in § 167 Abs. 1 Satz 1 VwGO einer Ausdehnung des Anwendungsbereichs des § 172 VwGO auf die Zwangsvollstreckung aus allgemeinen Leistungsurteilen grundsätzlich entgegen. Soll ein solches Urteil gegenüber einem Träger öffentlicher Verwaltung vollstreckt werden, so richtet sich das Vollstreckungsverfahren gemäß § 167 Abs. 1 Satz 1 VwGO vielmehr nach zivilprozessualen Vorschriften[35].

Diese Auffassung ist vereinzelt auf Widerspruch gestoßen[36]. Zur Begründung wird vorgetragen, der „historische Hintergrund" des § 172 VwGO gebiete es, diese Vorschrift auch bei der Zwangsvollstreckung aus allgemeinen Leistungsurteilen gegen Verwaltungsträger anzuwenden[37]. Davon abgesehen sei die entsprechende Anwendung des § 172 VwGO auch deshalb geboten, weil bei einer Zwangsvollstreckung aus einem allgemeinen Leistungsurteil gegen einen Verwaltungsträger ein zu verhängendes Zwangsgeld der Höhe nach begrenzt sein müsse[38]. Denn bei jeder Zwangsvollstreckung gegen die öffentliche Hand sei die Tatsache der Festsetzung eines Zwangsgeldes von größerer Bedeutung als dessen Höhe, so daß in diesen Fällen eine „schneidigere Zwangsvollstreckung"[39] weder sinnvoll noch erforderlich sei. Da aber die §§ 888, 890 ZPO im Unterschied zu § 172 VwGO eine Begrenzung des nach diesen Vorschriften zulässigen Zwangs- oder Ordnungsgeldes auf 2 000,00 DM nicht vorsähen, seien diese zivilprozessualen Vorschriften im Verwaltungsprozeß nicht anwendbar. Schließlich wird auch aus der Erwähnung der einstweiligen Anordnung in § 172 VwGO geschlossen, diese Vorschrift müsse auch für die Zwangsvollstreckung aus allgemeinen Leistungsurteilen gelten. Denn ein allgemeines Leistungs-

---

[35] So *Baumbach / Lauterbach*, vor § 883, Anm. 3; *Hegel*, Unterbringung, Seite 105; *Holland*, Klage, Seite 68 f.; *Hoppe*, Organstreitigkeiten, Seite 232 f.; *Klinger*, § 167, Anm. B II. 2; *Kopp*, § 172, Rdnr. 9; *Püttner*, DVBl. 1975, 353 (357); *Rabeneck*, Seite 165; *Redeker / von Oertzen*, § 172, Rdnr. 3; *Rupp*, AÖR 85, 301 (336); OVG Hamburg vom 27. 9. 1977, NJW 1978, 658; VGH Mannheim vom 10. 5. 1973, NJW 1973, 1519. Offenlassend OVG Münster vom 12. 12. 1973, NJW 1974, 917, das jedoch die Anwendbarkeit der zivilprozessualen Vorschriften bei der Zwangsvollstreckung aus verwaltungsgerichtlichen Unterlassungstiteln ohne Ausnahme bejaht.
[36] Vgl. *Hoffmann-Becking*, VerwArch. 62, 191 (198); *Rönnebeck*, Seite 128 f.; *Schweickhardt*, DÖV 1965, 795 (803). Ebenso auch ohne Begründung *Ule*, VerwArch. 65, 291 (309); VG Köln vom 5. 7. 1968, DVBl. 1968, 712.
[37] So *Hoffmann-Becking*, VerwArch. 62, 191 (198) ohne weitere Begründung.
[38] *Rönnebeck*, Seite 129.
[39] *Rönnebeck*, Seite 129.

III. Zwangsvollstreckung aus anderen allgemeinen Leistungsurteilen

urteil könne nicht anders vollstreckt werden, als eine entsprechende einstweilige Anordnung[40].

Bei dieser Argumentation wird jedoch übersehen, daß die Vorschrift des § 172 VwGO ihrem Wortlaut nach eine Sondervorschrift für die Vollstreckung bestimmter verwaltungsgerichtlicher Leistungstitel ist. Dies wird durch den in § 167 Abs. 1 Satz 1 VwGO ausgesprochenen Grundsatz bestätigt, wonach sich das Zwangsvollstreckungsverfahren im Regelfalle nach den Vorschriften der ZPO richtet[41]. Gegen eine analoge Anwendung einer Ausnahmeregelung bestehen jedoch Bedenken grundsätzlicher Art, da Ausnahmevorschriften im Regelfall nicht analogiefähig sind. Diese Bedenken werden auch nicht durch den „historischen Hintergrund des § 172 VwGO" ausgeräumt.

Geht man auf den historischen Hintergrund der vollstreckungsrechtlichen Vorschriften der VwGO zurück, so stellt man fest, daß sich der Gesetzgeber der VwGO bei diesen Vorschriften weitgehend an einen Gesetzesvorschlag von *Bachof*[42] angelehnt hat.

Bachof hat in seiner Untersuchung über „Die verwaltungsgerichtliche Klage auf Vornahme einer Amtshandlung" u. a. vorgeschlagen, bei der Zwangsvollstreckung aus verwaltungsgerichtlichen Leistungsurteilen gegen einen Verwaltungsträger, auf die zivilprozessualen Vollstreckungsnormen — insbesondere auf die §§ 888, 890 ZPO — zurückzugreifen[43]. Da *Bachof* bereits davon ausging, *alle* verwaltungsgerichtlichen Entscheidungen, die eine Verpflichtung zu einem Tun, Dulden oder Unterlassen enthielten, seien auch gegenüber einem Verwaltungsträger vollstreckungsfähig[44], schloß sein Vorschlag, bei der Zwangsvollstreckung gegen Verwaltungsträger die §§ 888, 890 ZPO anzuwenden, sowohl das heutige Verpflichtungsurteil als auch das heutige allgemeine Leistungsurteil ein.

Der Gesetzgeber der VwGO ist dem Vorschlag von Bachof zunächst dadurch gefolgt, daß er für die Zwangsvollstreckung aus verwaltungsgerichtlichen Titeln in § 167 Abs. 1 Satz 1 VwGO grundsätzlich auf die Vorschriften des 8. Buches der ZPO verwiesen hat. Wenn der Gesetzgeber von diesem Grundsatz abweichend in § 172 WwGO die Zwangsvollstreckung aus solchen Leistungstiteln, die im Rahmen einer auf Aufhebung oder Erlaß eines Verwaltungsaktes gerichteten Streitigkeit gegen einen Verwaltungsträger ergehen können, besonders geregelt hat, so spricht der aufgezeigte historische Hintergrund der vollstrek-

---

[40] So *Rönnebeck*, Seite 128; *Schweickhardt*, DÖV 1965, 795 (803).
[41] So auch die entsprechende Vorschrift in § 196 Abs. 1 EVwPO. Vgl. hierzu Entwurf VwPO, Seite 402 ff.
[42] *Bachof*, Klage, Seite 169 ff.
[43] Vgl. § d des Entwurfs *Bachof*, Klage, Seite 169 ff.
[44] Vgl. *Bachof*, Klage, Seite 169 sowie § a Abs. 2 seines Entwurfs.

kungsrechtlichen Bestimmungen der VwGO dafür, daß es für die Zwangsvollstreckung aus verwaltungsgerichtlichen Leistungstiteln, die im Rahmen einer nicht auf Aufhebung oder Erlaß eines Verwaltungsaktes gerichteten Streitigkeit gegen Verwaltungsträger ergehen können, entsprechend dem Vorschlag von *Bachof* bei der Anwendbarkeit der zivilprozessualen Vollstreckungsnormen bleiben sollte.

Dieser historische Hintergrund des § 172 VwGO steht somit einer analogen Anwendung dieser Vorschrift bei der Zwangsvollstreckung aus allgemeinen Leistungsurteilen gegen Verwaltungsträger eher entgegen.

Eine solche entsprechende Anwendung des § 172 VwGO ist auch nicht deshalb geboten, weil einstweilige Anordnungen gegen einen Verwaltungsträger nach dieser Vorschrift vollstreckt werden können. Denn diese Aussage des § 172 VwGO bezieht sich, wie dargelegt, *unmittelbar* nur auf solche einstweiligen Anordnungen, die bei einer in der Hauptsache zu erhebenden Verpflichtungsklage ergehen können[45].

Schließlich kann auch das Argument nicht überzeugen, die Tatsache, daß § 172 VwGO ein gegen einen Verwaltungsträger zu verhängendes Zwangsgeld auf 2 000,00 DM begrenzt, mache es erforderlich, diese Vorschrift auch bei der Zwangsvollstreckung aus allgemeinen Leistungsurteilen gegen einen Verwaltungsträger entsprechend anzuwenden.

Dieses Argument ist zunächst insoweit teilweise überholt, als auch nach den zwischenzeitlich novellierten §§ 888, 890 ZPO nunmehr ein zu verhängendes Zwangs- oder Ordnungsgeld der Höhe nach auf 50 000,00 DM bzw. 500 000,00 DM begrenzt ist. Zwar lassen diese zivilprozessualen Vollstreckungsnormen im Verhältnis zu § 172 VwGO im Betrage weitaus höhere Zwangs- oder Ordnungsgelder gegen einen Vollstreckungsschuldner zu. Dies gibt jedoch keinen Anlaß, bei der Zwangsvollstreckung aus allgemeinen Leistungsurteilen gegen einen Verwaltungsträger auf die Vorschrift des § 172 VwGO zurückzugreifen. Denn gerade diese Begrenzung des Zwangsgeldes auf 2 000,000 DM hat sich in der Praxis nicht bewährt[46]. Auch für die Entscheidung eines Verwaltungsträgers, ein verwaltungsgerichtliches Urteil zu erfüllen oder nicht zu erfüllen, kann im Einzelfall nicht die Tatsache der *Festsetzung* eines Zwangsgeldes, sondern die *Höhe* eines drohenden Zwangsgeldes von entscheidender Bedeutung sein[47].

---
[45] Vgl. die Nachweise oben unter B. III. 1. b.

[46] Vgl. hierzu *Bettermann*, DVBl. 1969, 120; *Jülich*, DVBl. 1969, 848; *Kellner*, MDR 1968, 965; *Ule*, Schriftenreihe Speyer, Seite 40 f.

[47] Vor diesem Hintergrund ist wohl auch der Vorschlag in der § 172 VwGO entsprechenden Vorschrift des § 200 EVwPO zu sehen, ein Zwangsgeld von maximal 500 000,00 DM zuzulassen.

III. Zwangsvollstreckung aus anderen allgemeinen Leistungsurteilen

Aus diesem Grunde ist auch bereits verschiedentlich vorgeschlagen worden, die Begrenzung des Zwangsgeldes auf 2 000,00 DM in § 172 VwGO aufzugeben[48] oder zumindest die zulässige Höchstsumme erheblich heraufzusetzen[49].

Nach alledem besteht somit kein Anlaß, den Anwendungsbereich des § 172 VwGO auf die Zwangsvollstreckung gegen einen Verwaltungsträger aus allgemeinen Leistungsurteilen sowie entsprechenden einstweiligen Anordnungen auszudehnen. Diese verwaltungsgerichtlichen Leistungstitel sind vielmehr gemäß § 167 Abs. 1 Satz 1 VwGO nach den Vorschriften der ZPO zu vollstrecken[50].

Da somit bei der Zwangsvollstreckung gegen Verwaltungsträger aus Verpflichtungsurteilen und aus allgemeinen Leistungsurteilen unterschiedliche Vorschriften Anwendung finden, kommt der Abgrenzung der allgemeinen Leistungsklage von der Verpflichtungsklage auch insoweit besondere Bedeutung zu. Entgegen einer in Rechtsprechung und Literatur zu beobachtenden Tendenz[51] kann daher die Frage, ob das Rechtsschutzbegehren eines Bürgers in der Form der Verpflichtungsklage oder der allgemeinen Leistungsklage geltend zu machen ist, auch dann nicht unbeantwortet bleiben, wenn die Sachurteilsvoraussetzungen beider Klagearten erfüllt sind[52].

c) Die anwendbaren Vorschriften der ZPO

Da sich die Verweisung in § 167 Abs. 1 Satz 1 VwGO hinsichtlich der Zwangsvollstreckung aus allgemeinen Leistungsurteilen gegen Verwaltungsträger nur auf solche allgemeinen Leistungsurteile bezieht, die nicht auf Zahlung, sondern auf ein bestimmtes Tun, Dulden oder Unterlassen eines Verwaltungsträgers gerichtet sind, kommen für das konkrete Vollstreckungsverfahren bei diesen Titeln nur die Vorschriften des 3. Abschnitts im 8. Buch der ZPO in Betracht[53].

---

[48] So *Bettermann*, DVBl. 1969, 121; *Ule*, Schriftenreihe Speyer, Seite 41.
[49] So *Jülich*, DVBl. 1968, 848.
[50] So die wohl h. M., vgl. *Baumbach / Lauterbach*, vor § 883, Anm. 3; *Hegel*, Unterbringung, Seite 105; *Holland*, Klage, Seite 68 f.; *ders.*, JuS 1968, 560; *Hoppe*, Organstreitigkeiten, Seite 231 ff.; *Klinger*, § 167, Anm. B II. 3; *Kopp*, § 172, Rdnr. 9; *Püttner*, DVBl. 1975, 353 (357); *Rabeneck*, Seite 165; *Redeker / von Oertzen*, § 172, Rdnr. 3; *Rupp*, AöR 85, 301 (336); OVG Hamburg vom 27. 9. 1977, NJW 1978, 658; VGH Mannheim vom 10. 5. 1973, NJW 1973, 1519.
[51] Vgl. *Bachof*, Verfassungsrecht, Bd. I Nr. 83, Seite 211; *Evers*, DVBl. 1965, 450; *Menger*, VerwArch. 52, 318; *Schrödter*, Seite 208; *Tschira / Schmitt-Glaeser*, Seite 180; BVerwG vom 9. 2. 1966, DVBl. 1966, 601; BVerwG vom 9. 2. 1967, DÖV 1967, 351; OVG Lüneburg vom 17. 4. 1973, NJW 1974, 821; VGH Mannheim vom 13. 2. 1973, NJW 1973, 1663; VGH Mannheim vom 5. 10. 1981, NJW 1982, 668; OVG Münster vom 26. 4. 1972, NJW 1972, 2147.
[52] So auch *Holland*, JuS 1968, 560; *Kopp*, vor § 40, Rdnr. 9; *Lerche*, Seite 73; *Menger*, VerwArch. 58, 78; *Renck*, BayVBl. 1973, 336; OVG Münster vom 22. 2. 1961, DÖV 1961, 469.

Fraglich erscheint jedoch, ob sämtliche Vorschriften des 3. Abschnitts des 8. Buches der ZPO bei der Zwangsvollstreckung aus allgemeinen Leistungsurteilen gegen einen Verwaltungsträger anwendbar sind. Bei der Durchführung eines solchen verwaltungsgerichtlichen Zwangsvollstreckungsverfahrens unter entsprechender Anwendung zivilprozessualer Normen darf nämlich nicht außer acht gelassen werden, daß sich dieses Vollstreckungsverfahren gegen einen Träger öffentlicher Verwaltung richtet. Daher können nur solche zivilprozessualen Vorschriften gemäß § 167 Abs. 1 Satz 1 VwGO entsprechende Anwendung finden, die geeignet sind, der Besonderheit Rechnung zu tragen, daß Vollstreckungsschuldner ein Träger öffentlicher Verwaltung ist[54].

Zwar ist jeder Verwaltungsträger einer Privatperson insoweit gleichgestellt, als ein verwaltungsgerichtliches Leistungsurteil auch zu seinen Lasten vollstreckt werden kann. Hierdurch wird der Forderung des Art. 19 Abs. 4 GG nach einem wirksamen Rechtsschutz gegen die Verwaltung Rechnung getragen. Die Forderung des Art. 19 Abs. 4 GG geht jedoch nicht so weit, daß ein Verwaltungsträger auch bei der Art und Weise der Durchführung einer konkreten Zwangsvollstreckungsmaßnahme einer Privatperson gleichgestellt werden muß[55].

Bei der Durchführung eines Zwangsvollstreckungsverfahrens gegenüber einem Verwaltungsträger muß vielmehr das berechtigte Interesse des Staates berücksichtigt werden, daß das konkrete Verfahren nur so durchgeführt wird, „daß die Fähigkeit der betroffenen Behörde zur künftigen Wahrnehmung ihrer öffentlichen Aufgaben nicht gefährdet wird"[56]. Diejenigen zivilprozessualen Vorschriften, die diese besondere Stellung eines Verwaltungsträgers als Vollstreckungsschuldner nicht hinreichend berücksichtigen können, sind daher bei der Zwangsvollstreckung aus allgemeinen Leistungsurteilen nicht anwendbar.

aa) Die Unanwendbarkeit des § 887 ZPO

Aus dem vorerwähnten Gesichtspunkt scheidet eine entsprechende Anwendung des § 887 ZPO bei der Zwangsvollstreckung gegenüber einem Verwaltungsträger von vornherein aus. Denn eine Leistung, zu der ein Verwaltungsträger durch verwaltungsgerichtliches Urteil verurteilt worden ist, kann grundsätzlich keine *vertretbare* Handlung im

---

[53] Daneben gelten natürlich, wie bei der Vollstreckung aus allen verwaltungsgerichtlichen Titeln über § 167 Abs. 1 Satz 1 VwGO, auch die allgemeinen Vorschriften des 1. Abschnitts im 8. Buch der ZPO entsprechend. Vgl. hierzu *Eyermann / Fröhler*, § 167, Anm. 2; *Thomas*, BayVBl. 1967, 335 ff.

[54] Vgl. hierzu BVerwG vom 26. 8. 1963, NJW 1963, 2042; OVG Bremen vom 13. 9. 1967, NJW 1967, 2222. Vgl. im übrigen auch die Aussage des § 173 VwGO.

[55] Vgl. hierzu *Miedtank*, Seite 15 f.

[56] *Bachof*, Klage, Seite 165. Vgl. hierzu auch *Miedtank*, Seite 16.

III. Zwangsvollstreckung aus anderen allgemeinen Leistungsurteilen

Sinne von § 887 ZPO sein, sondern ist immer unvertretbar. Eine Verwaltungshandlung, zu deren Vornahme eine Behörde verpflichtet worden ist, kann nämlich rechtlich wirksam nur von dieser nach gesetzlichen Vorschriften *zuständigen* Behörde vorgenommen werden. Dies gilt nicht nur dann, wenn eine Behörde einen Verwaltungsakt erläßt, sondern auch, wenn sie eine andere Verwaltungshandlung vornimmt[57].

bb) Die Unanwendbarkeit der §§ 883 ff. ZPO

Umstritten ist, ob die §§ 883 bis 886 ZPO bei der Zwangsvollstreckung aus allgemeinen Leistungsurteilen gegenüber einem Verwaltungsträger anwendbar sind.

Eine Anwendung dieser Vorschriften käme nach ihrem Wortlaut dann in Betracht, wenn eine Behörde ein verwaltungsgerichtliches Urteil nicht erfüllt, durch das sie zur Herausgabe einer bestimmten Sache, etwa erkennungsdienstlicher Unterlagen, verpflichtet worden ist. Sofern ein solches Urteil nach §§ 883 ff. ZPO zu vollstrecken wäre, könnte die obsiegende Partei den Gerichtsvollzieher damit beauftragen, der Behörde die im Urteil bezeichnete Sache wegzunehmen[58].

Hiergegen ist eingewendet worden, die Vorschriften der §§ 883 ff. ZPO seien bei der Zwangsvollstreckung aus allgemeinen Leistungsurteilen unabwendbar, weil die ZPO in diesen Vorschriften davon ausgehe, die Herausgabe einer Sache stelle eine vertretbare Handlung dar[59]. Die Herausgabe einer Sache durch eine Behörde könne aber keine vertretbare Handlung sein.

Dieser Einwand kann jedoch nur im Ergebnis überzeugen. Zwar ist es richtig, daß eine Amtshandlung einer Behörde und damit auch die gegenüber einem Verwaltungsträger verwaltungsgerichtlich angeordnete Herausgabe einer Sache keine vertretbare Handlung sein kann. Jedoch erscheint es fraglich, ob die ZPO im Rahmen der §§ 883 ff. davon ausgeht, die Herausgabe einer Sache sei eine vertretbare Handlung.

Das entscheidende Kriterium für das Vorliegen einer vertretbaren Handlung ist, daß es für den Gläubiger rechtlich und wirtschaftlich

---

[57] So die einhellige Meinung. Vgl. *Bachof,* Klage, Seite 163; *Hegel,* Unterbringung, Seite 105; *Platz,* Seite 100; *Rönnebeck,* Seite 128; *Rupp,* AöR 85, 336; *Schweickhardt,* DÖV 1965, 803. Aus diesem Grunde ist *Holland,* Klage, Seite 68, der Auffassung, ein Fall des § 887 ZPO werde kaum vorkommen. a. A. offenbar OVG Hamburg vom 27. 9. 1977, NJW 1978, 658, das sich mit dieser Problematik aber nicht auseinandersetzt.

[58] So *Holland,* Klage, Seite 68; *ders.,* JuS 1968, 560. Vgl. hierzu auch *Bettermann,* DVBl. 1969, 121.

[59] So *Hegel,* Unterbringung, Seite 105.

gleich bleibt, ob der Schuldner oder ein Dritter sie vornimmt[60]. Diese Voraussetzung ist aber nicht erfüllt, wenn jemand zur Herausgabe einer bestimmten Sache verurteilt worden ist. Denn diese konkrete Herausgabehandlung kann nur der Schuldner, nicht aber ein Dritter vornehmen.

Hiervon geht auch die ZPO in § 883 aus. Nimmt der Gerichtsvollzieher dem Schuldner im Fall des § 883 ZPO die im Urteil bezeichnete Sache weg und händigt sie dem Gläubiger aus, so nimmt er zugunsten des Gläubigers die Herausgabehandlung vor. Hierbei handelt er aber nicht als Dritter in Vertretung des Schuldners im Sinne des § 887 ZPO, sondern als unabhängiges Vollstreckungsorgan. Als solches ist er befugt, den Widerstand des Schuldners gegen die Herausgabe der im Urteil bezeichneten Sache durch unmittelbaren Zwang zu brechen und die Sache wegzunehmen. Wäre der Gesetzgeber der ZPO davon ausgegangen, dieses Vollstreckungsverfahren sei rechtlich mit der Zwangsvollstreckung wegen der Vornahme einer vertretbaren Handlung identisch, so bestünde für die Regelung des § 883 ZPO kein Bedürfnis, da ein Herausgabetitel dann nach § 887 ZPO vollstreckt werden könnte.

Daher kann nicht davon ausgegangen werden, das Vollstreckungsverfahren der §§ 883 bis 886 ZPO betreffe die Zwangsvollstreckung wegen der Vornahme einer vertretbaren Handlung. Folglich steht auch die Tatsache, daß eine hoheitliche Amtshandlung immer unvertretbar ist, einer Anwendung der §§ 883 ff. ZPO bei der Zwangsvollstreckung aus einem verwaltungsgerichtlichen Herausgabetitel nicht entgegen.

Jedoch bestehen aus einem anderen Gesichtspunkt gegen eine unmittelbare Anwendung dieser Vorschrift erhebliche Bedenken.

Soweit die VwGO in § 170 die Vollstreckung aus einem allgemeinen Leistungsurteil gegen einen Verwaltungsträger regelt, schreibt sie vor, daß eine konkrete Vollstreckungsmaßnahme erst durchgeführt werden kann, wenn der öffentlich-rechtliche Schuldner zunächst durch das Verwaltungsgericht zur Erfüllung des Urteils angehalten worden ist. Aber auch wenn diese Aufforderung, das Urteil zu erfüllen, keinen Erfolg hat, kann die Zwangsvollstreckung nicht unmittelbar durchgeführt werden, sondern es bedarf zunächst eines Gerichtsbeschlusses, in dem die im Einzelfall durchzuführende Zwangsvollstreckungsmaßnahme bestimmt wird. Hat daher ein Bürger einen verwaltungsgerichtlichen Zahlungstitel gegen einen Verwaltungsträger erwirkt, so kann er nicht unmittelbar den Gerichtsvollzieher mit der Durchführung der Zwangsvollstreckung beauftragen, sondern er muß zunächst dieses vorgeschaltete gerichtliche Verfahren abwarten.

---

[60] Vgl. *Baumbach / Lauterbach,* § 887, Anm. 2 B; *Schönke / Baur,* Seite 186; *Wieczorek,* § 887, Rdnr. C II mit zahlreichen Beispielen.

III. Zwangsvollstreckung aus anderen allgemeinen Leistungsurteilen 85

Eine ähnliche Regelung sieht § 882 a ZPO für die Vollstreckung aus zivilgerichtlichen Zahlungsurteilen gegen einen Verwaltungsträger vor.

Auch wenn ein Bürger ein Verpflichtungsurteil zu Lasten einer Behörde erwirkt hat, kann er diesen Leistungstitel nicht unmittelbar durch Festsetzung eines Zwangsgeldes gegen den öffentlich-rechtlichen Schuldner, der das Urteil nicht erfüllt, vollstrecken lassen. Das Gericht ist zur Einleitung dieses konkreten Zwangsverfahrens gemäß § 172 VwGO erst dann berechtigt, aber auch verpflichtet, wenn es zunächst festgestellt hat, daß die verurteilte Behörde das Urteil innerhalb einer zumutbaren Frist nicht erfüllt hat, und wenn es im Anschluß daran der Behörde nochmals eine bestimmte Frist zur Erfüllung des Urteils gewährt hat. Erst nach fruchtlosem Ablauf dieser Frist darf ein bereits angedrohtes Zwangsgeld festgesetzt und vollstreckt werden.

Aus diesen aufgezeigten Regelungen läßt sich der allgemeine Grundsatz ableiten, daß nach der Vorstellung des Gesetzgebers der VwGO konkrete Zwangsvollstreckungsmaßnahmen gegenüber einem Träger öffentlicher Verwaltung erst nach Ablauf einer bestimmten Wartefrist *zulässig* sein sollen[61]. Aber auch nach Ablauf dieser Wartefrist sollen sie nur dann tatsächlich *durchführbar* sein, wenn sie zuvor durch einen ausdrücklichen Gerichtsbeschluß angeordnet worden sind. Es soll ausgeschlossen werden, daß etwa ein Gläubiger nach Rechtskraft eines verwaltungsgerichtlichen Leistungsurteils, das zu Lasten einer Behörde ergangen ist, sofort und ohne Zwischenschaltung des Vollstreckungsgerichts den Gerichtsvollzieher mit der Einleitung von Zwangsvollstreckungsmaßnahmen gegen den öffentlich-rechtlichen Schuldner beauftragt. Hierdurch hat der Gesetzgeber der bereits erwähnten Besonderheit Rechnung getragen, daß sich das Zwangsvollstreckungsverfahren nicht gegen eine Privatperson, sondern gegen einen Träger öffentlicher Verwaltung richtet[62].

Die Sonderstellung des Staates als Vollstreckungsschuldner, die in den Regelungen der §§ 170, 172 VwGO, 882 a ZPO ihren Niederschlag gefunden hat, muß auch dann berücksichtigt werden, wenn ein verwaltungsgerichtliches Leistungsurteil gegenüber einer Behörde gemäß § 167 Abs. 1 Satz 1 VwGO nach den Vorschriften der ZPO vollstreckt wird. Denn § 167 Abs. 1 Satz 1 VwGO läßt nur eine *entsprechende* Anwendung der zivilprozessualen Normen zu. Hieraus folgt, daß diejenigen Zwangsvollstreckungsnormen der ZPO im Verwaltungsrechtsstreit nicht anwendbar sind, die die Sonderstellung des Staates als Vollstreckungsschuldner, wie sie in den Regelungen der §§ 170, 172 VwGO ihren Ausdruck gefunden hat, nicht berücksichtigen.

---

[61] Vgl. hierzu *Kopp*, § 172, Rdnr. 5; BVerwG vom 30. 12. 1968, NJW 1969, 476.
[62] Vgl. hierzu auch *Eyermann / Fröhler*, § 170, Rdnr. 4.

B. Die Zwangsvollstreckung aus allgemeinen Leistungsurteilen

Da das Zwangsvollstreckungsverfahren der §§ 883 ff. ZPO weder die Einhaltung einer bestimmten Wartefrist noch die ausdrückliche Zulassung einer konkreten Zwangsvollstreckungsmaßnahme durch einen Beschluß des Vollstreckungsgerichts vorsieht, würde eine unmittelbare Anwendung dieser Vorschriften bei der verwaltungsgerichtlichen Zwangsvollstreckung gegen einen Verwaltungsträger zur Folge haben, daß der Gläubiger eines titulierten Herausgabeanspruchs gegen eine Behörde, bei vorläufiger Vollstreckbarkeit bzw. nach Rechtskraft des Urteils, unmittelbar den Gerichtsvollzieher mit der Wegnahme der in dem Titel bezeichneten Sache beauftragen könnte. Dieses Ergebnis wäre mit dem in §§ 170, 172 VwGO zum Ausdruck gebrachten Grundsatz der Sonderstellung des Staates als Vollstreckungsschuldner unvereinbar, so daß eine unmittelbare Anwendung der §§ 883 ff. ZPO im Verwaltungsrechtsstreit ausgeschlossen ist.

Man könnte jedoch daran denken, diese Vorschriften bei der Zwangsvollstreckung wegen eines Herausgabeanspruchs gegenüber einem Verwaltungsträger unter Zugrundelegung der Regelung des § 170 VwGO entsprechend anzuwenden. Das würde bedeuten, daß bei der Zwangsvollstreckung aus einem verwaltungsgerichtlichen Herausgabeurteil, das zu Lasten einer Behörde ergangen ist, das Verwaltungsgericht als Vollstreckungsgericht zunächst analog § 170 Abs. 2 VwGO die verurteilte Behörde unter Fristsetzung zur Erfüllung des gegen sie ergangenen Urteils aufzufordern hätte. Nach fruchtlosem Ablauf dieser Frist könnte das Verwaltungsgericht dann analog § 170 Abs. 1 VwGO die Durchführung der Zwangsvollstreckung nach Maßgabe der §§ 883 ff. ZPO verfügen und die zuständige Stelle, das wäre für den Regelfall der Gerichtsvollzieher, ersuchen, die in dem Vollstreckungstitel bezeichnete Sache entsprechend § 883 Abs. 1 ZPO wegzunehmen.

Bei einer solchen Handhabung des § 883 ZPO wäre der Durchführung der unmittelbaren Herausgabevollstreckung durch den Gerichtsvollzieher zwar ein verwaltungsgerichtliches Verfahren vorgeschaltet. Dennoch bestehen auch gegen eine solche entsprechende Anwendung des § 883 ZPO erhebliche Bedenken.

Bei der Frage, wie ein verwaltungsgerichtlicher Herausgabetitel gegen einen Verwaltungsträger vollstreckt werden kann, muß nämlich berücksichtigt werden, daß die Herausgabe einer Sache, z. B. die Herausgabe erkennungsdienstlicher Unterlagen, zu der eine Behörde durch ein verwaltungsgerichtliches Urteil verpflichtet worden ist, neben der Bewirkung des realen Leistungserfolges eine hoheitliche Verwaltungshandlung darstellt, die nur durch das dafür zuständige Verwaltungsorgan vorgenommen werden kann[63].

---

[63] Vgl. hierzu *Ipsen*, MDR 1949, 508; *Schweickhardt*, DÖV 1965, 803.

III. Zwangsvollstreckung aus anderen allgemeinen Leistungsurteilen

Der Gerichtsvollzieher kann auch als Vollstreckungsorgan eine solche Verwaltungshandlung nicht vornehmen, da ihm die Verfügungsgewalt über die Verwaltungsmittel des zuständigen Verwaltungsträgers fehlt. Zwar handelt der Gerichtsvollzieher bei der Ausübung seines Amtes ebenfalls hoheitlich[64]. Jedoch ist er dadurch nicht instandgesetzt, zwangsweise die einer Behörde obliegende Verwaltungshandlung, nämlich die Herausgabe der im Urteil bezeichneten Sache, selber vorzunehmen und damit in den Tätigkeitsbereich eines anderen Hoheitsträgers einzugreifen. Dies würde dem Grundsatz widersprechen, daß ein Träger hoheitlicher Gewalt nicht mit unmittelbarem Zwang in den hoheitlichen Tätigkeitsbereich eines anderen Hoheitsträgers eingreifen darf[65].

Einen solchen Eingriff des Gerichtsvollziehers in den öffentlich-rechtlichen Kompetenzbereich eines Verwaltungsträgers lassen auch die Vollstreckungsnormen der VwGO nicht zu. Zwar kann der Gerichtsvollzieher nach § 170 VwGO bei der Zwangsvollstreckung aus einem Zahlungstitel gegenüber einer Behörde im Einzelfall angewiesen werden, Sachen des öffentlich-rechtlichen Schuldners zu pfänden und zu verwerten. Hierbei ist jedoch ein Eingriff in den hoheitlichen Tätigkeitsbereich des Schuldners gesetzlich ausgeschlossen, da die Gegenstände des sogenannten Verwaltungsvermögens, die der Schuldner zur Wahrnehmung seiner hoheitlichen Aufgaben benötigt, gemäß § 170 Abs. 3 Satz 1 VwGO dem Zugriff des Gerichtsvollziehers entzogen sind. Eine Zwangsvollstreckungsmaßnahme nach § 170 VwGO kann sich daher im wesentlichen nur auf Gegenstände beziehen, die dem fiskalischen Funktionsbereich des öffentlich-rechtlichen Schuldners zugewiesen sind.

Wenn somit davon auszugehen ist, daß die Vollstreckungsnormen der VwGO Zwangsmaßnahmen eines Vollstreckungsorgans im hoheitlichen Tätigkeitsbereich eines Verwaltungsträgers nicht zulassen, so kann ein solcher Eingriff auch nicht zugelassen werden, wenn ein verwaltungsgerichtliches Urteil gemäß § 167 Abs. 1 Satz 1 VwGO unter entsprechender Anwendung zivilprozessualer Vorschriften vollstreckt werden soll[66]. Daher können die §§ 883 ff. ZPO bei der Vollstreckung allgemeiner Leistungsurteile gegen einen Verwaltungsträger weder unmittelbar noch entsprechend angewendet werden. Es kann daher auch dahinstehen, ob ein Gerichtsvollzieher, wie *Rupp* meint, überfordert

---

[64] *Rosenberg / Schwab*, § 27 II, Seite 130 ff.; *Schönke / Baur*, § 4, Seite 23 ff.

[65] Vgl. hierzu *Folz*, JuS 1965, 41; *Friauf*, Seite 203 ff.; *Menger*, VerwArch. 60, 92 (94 ff.); *Scholz*, DVBl. 1968, 732; *Wagner*, Seite 24 ff.; *Wolff / Bachof*, § 127 I, Rdnr. 30; BVerwG vom 16. 1. 1968, DVBl. 1968, 749; OVG Lüneburg vom 18. 6. 1957, VerwRspr. 10, 179; BGH vom 27. 4. 1970, NJW 1970, 1416. Vgl. hierzu auch *Schweickhardt*, DÖV 1965, 795 (804 Fn. 130).

[66] Vgl. auch *Schweickhardt*, DÖV 1965, 804.

wäre, einer Behörde nach Maßgabe des § 883 ZPO eine Sache wegzunehmen, zu deren Herausgabe sie verurteilt worden ist[67].

cc) Die teilweise Anwendbarkeit der §§ 888 ff. ZPO

cc1) Beschränkung der in §§ 888, 890 ZPO vorgesehenen Zwangsmittel

Es bestehen keine Bedenken grundsätzlicher Art, die §§ 888, 890 ZPO entsprechend anzuwenden, wenn ein allgemeines Leistungsurteil gegen einen Verwaltungsträger vollstreckt werden soll[68]. Denn diese Vorschriften sehen entsprechend der Regelung in den §§ 170, 172 VwGO vor, daß eine konkrete Zwangsmaßnahme gegen den Vollstreckungsschuldner erst durchgeführt werden darf, wenn sie zuvor in einem gerichtlichen Beschluß nach Anhörung des Vollstreckungsschuldners[69] angeordnet worden ist.

Fraglich ist jedoch, ob die in den §§ 888, 890 ZPO vorgesehenen Zwangsmittel uneingeschränkt angeordnet werden können, wenn gegen einen Verwaltungsträger die Zwangsvollstreckung aus einem allgemeinen Leistungsurteil betrieben werden soll[70].

Es bestehen keinerlei Bedenken, im Rahmen eines solchen Zwangsvollstreckungsverfahrens ein Zwangs- oder Ordnungsgeld[71] zu verhängen. Denn diese Zwangsmittel entsprechen ihrer Natur nach dem in § 172 VwGO vorgesehenen Zwangsgeld[72].

Zweifelhaft erscheint jedoch, ob auch das in §§ 888, 890 ZPO vorgesehene Zwangsmittel der Zwangs- und Ordnungshaft bei der Zwangsvollstreckung gegen einen Verwaltungsträger verhängt werden kann[73]. Denn das Zwangsmittel der Haft kann seiner Natur nach nur an einer natürlichen Person vollzogen werden. Sofern aber ein allgemeines Leistungsurteil gegen einen Träger öffentlicher Verwaltung ergeht,

---

[67] Vgl. *Rupp*, AÖR 85, 336.
[68] So auch *Hegel*, Unterbringung, Seite 105 f.; *Rupp*, AÖR 85, 301 (336). Welche Normen im Einzelfall anzuwenden sind, wird noch je nach Fallgruppe zu erörtern sein.
[69] Vgl. § 891 ZPO.
[70] Hier stellt sich nur die Frage, ob diese Zwangsmittel überhaupt anwendbar sind. Hiervon ist die sekundäre Frage zu unterscheiden, an wem ein zulässiges Zwangsmittel vollzogen wird. Auf diese Frage wird bei der Darstellung des jeweiligen Zwangsvollstreckungsverfahrens eingegangen.
[71] Vgl. zu diesen Zwangsmaßnahmen *Brehm*, NJW 1975, 249; *Pastor*, Seite 219 ff.
[72] Vgl. hierzu OVG Münster vom 12. 12. 1973, NJW 1974, 918.
[73] Vgl. hierzu *Bachof*, Klage, Seite 165, 170; *Dapprich*, Seite 202; *Dierkes / Kleinsorg*, Seite 18; *Hegel*, Unterbringung, Seite 106; *Holland*, Klage, Seite 68; *Jülich*, DVBl. 1968, 848; *Miedtank*, Seite 80, 131; *Rabeneck*, Seite 167 ff.; *Rupp*, AÖR 85, 336.

III. Zwangsvollstreckung aus anderen allgemeinen Leistungsurteilen

richtet sich dieses Urteil regelmäßig[74] gegen eine juristische Person des öffentlichen Rechts oder gegen eine Behörde, soweit diese nach den jeweiligen landesrechtlichen Vorschriften überhaupt im Sinne von § 61 Nr. 3 VwGO parteifähig ist[75]. Unter diesem Gesichtspunkt könnte das Zwangsmittel der Haft bereits begrifflich bei der Zwangsvollstreckung gegen einen Träger öffentlicher Verwaltung ausgeschlossen sein[76].

Ein ähnliches Problem stellt sich, wenn ein zivilprozessuales Urteil, das zu Lasten einer juristischen Person des Privatrechts oder einer parteifähigen Personenvereinigung ergangen ist, nach §§ 888, 890 ZPO durch Anordnung einer Zwangs- oder Ordnungshaft vollstreckt werden soll. In einem solchen Fall geht die herrschende Meinung davon aus, dieses Vollstreckungsmittel werde dann an dem Organ der verurteilten juristischen Person des Privatrechts bzw. an dem Vertreter der Personenvereinigung vollzogen[77]. Dementsprechend könnte man daran denken, auch bei der Zwangsvollstreckung aus einem allgemeinen Leistungsurteil gegen einen Verwaltungsträger das in §§ 888, 890 ZPO vorgesehene Zwangsmittel der Haft an dem Organ der verurteilten juristischen Person des öffentlichen Rechts bzw. an dem verantwortlichen Leiter der verurteilten Behörde zu vollziehen[78].

Einer solchen Handhabung dieses Zwangsmittels stünde jedoch wiederum die besondere Stellung eines Verwaltungsträgers als Vollstreckungsschuldner entgegen. Denn wenn eine Zwangs- oder Ordnungshaft an dem verantwortlichen Leiter des verurteilten Verwaltungsträgers vollzogen würde, würde dem betroffenen Verwaltungsträger das Organ genommen, durch das alleine er nach außen rechtlich verbindlich handeln kann. Durch einen solchen Zwangseingriff würde die öffentlich-rechtliche Aufgabenwahrnehmung des jeweiligen Verwaltungsträgers und damit der hoheitliche Tätigkeitsbereich der Verwaltung beeinträchtigt.

Einen solchen schwerwiegenden Eingriff der Judikative in den Funktionsbereich der Exekutive hat der Gesetzgeber der VwGO bei der Zwangsvollstreckung aus einem Verpflichtungsurteil nicht zugelassen. Durch den Verzicht auf das Zwangsmittel der Haft in § 172 VwGO hat

---

[74] Ausnahmsweise wäre es auch vorstellbar, daß eine Verwaltungsverurteilung gegen eine natürliche Person gerichtet ist, etwa in dem Fall, daß der Beklagte ein sogenannter beliehener Unternehmer ist.

[75] Vgl. z. B. § 5 Abs. 1 AGVwGO NW.

[76] So *Holland*, Klage, Seite 68; *Hoppe*, Organstreitigkeiten, Seite 232. Vgl. hierzu auch *Pastor*, Seite 227 f.; *Schultzenstein*, ZZP 35, 475 (504).

[77] Vgl. *Baumbach / Lauterbach*, § 888, Anm. 3 C; *Stein / Jonas*, § 888, Anm. 3 c cc; *Wieczorek*, § 888, Anm. C; OLG Hamm, JMBl. NW 1957, 257; OLG Hamm, JMBl. NW 1966, 90. a. A. *Pastor*, Seite 52 ff., 227; *Schultzenstein*, ZZP, 35, 475 (504).

[78] So *Bachof*, Klage, Seite 165, 170; *Rabeneck*, Seite 167 ff. Vgl. hierzu auch *Dapprich*, Seite 202; *Jülich*, DVBl. 1968, 848; *Rupp*, AÖR 85, 336.

der Gesetzgeber der besonderen Stellung der Exekutive als Vollstreckungsschuldner Rechnung getragen. Diese Besonderheit des in § 172 VwGO geregelten Zwangsvollstreckungsverfahrens muß auch bei der über § 167 Abs. 1 Satz 1 VwGO zulässigen, entsprechenden Anwendung der § 888, 890 ZPO berücksichtigt werden, da diese Vorschriften nur insoweit anwendbar sind, als sich aus den vollstreckungsrechtlichen Bestimmungen der VwGO nichts Abweichendes ergibt.

Bei der Zwangsvollstreckung aus allgemeinen Leistungsurteilen gegen einen Verwaltungsträger sind die §§ 888, 890 ZPO daher nur mit der Maßgabe anwendbar, daß als konkretes Vollstreckungsmittel nur das Zwangs- oder Ordnungsgeld in Betracht kommt[79]. Hieraus ergibt sich gleichzeitig, daß in diesen Fällen auch die in §§ 888, 890 ZPO vorgesehene Ersatzzwangs- oder Ersatzordnungshaft ausscheidet.

cc2) Das Verfahren der §§ 889, 892 ZPO

Während somit die §§ 888, 890 ZPO bei einer verwaltungsgerichtlichen Zwangsvollstreckung gegen einen Verwaltungsträger in dem dargestellten Umfang herangezogen werden können, dürfte die Vorschrift des § 889 ZPO für diesen Bereich nur theoretische Bedeutung haben. Denn eine verwaltungsgerichtliche Verurteilung eines Verwaltungsträgers zur Abgabe einer eidesstattlichen Versicherung entsprechend den Vorschriften des bürgerlichen Rechts dürfte in der Praxis kaum vorkommen. Sollte eine solche Verurteilung durch ein allgemeines Leistungsurteil erfolgen, so müßte die entsprechende Versicherung gemäß §§ 167 Abs. 1 Satz 1 VwGO, 889 ZPO, 167 Abs. 1 Satz 2 VwGO vor dem Verwaltungsgericht abgegeben werden.

Bedenken grundsätzlicher Art bestehen jedoch wiederum gegen eine Anwendbarkeit des § 892 ZPO in einem Verwaltungsrechtsstreit. Denn diese Vorschrift sieht die unmittelbare Einschaltung des Gerichtsvollziehers gegen den Vollstreckungsschuldner vor. Ein solches Verfahren ist jedoch unzulässig, wenn ein verwaltungsgerichtliches Urteil gegen einen Verwaltungsträger vollstreckt werden soll.

cc3) Das Verfahren des § 894 ZPO

Demgegenüber bestehen keine Bedenken, die Vorschrift des § 894 ZPO entsprechend anzuwenden, wenn aus einem verwaltungsgerichtlichen Urteil auf Abgabe einer rechtsgeschäftlichen Willenserklärung gegen einen Verwaltungsträger vollstreckt werden soll[80].

---

[79] So auch ohne Begründung *Hegel*, Unterbringung, Seite 106; *Miedtank*, Seite 80, 131. Vgl. hierzu auch *Dierkes / Kleinsorg*, Seite 18; *Pastor*, Seite 59.
[80] Vgl. *Bachof*, Klage, Seite 163; *Friehe*, JZ 1980, 516, 518; *Holland*, Klage, Seite 68; *Rupp*, AÖR 85, 336. OVG Hamburg vom 5. 3. 1974, DÖV 1975, 359. Vgl. hierzu auch *Hoppe*, Organstreitigkeiten, Seite 232 f.

III. Zwangsvollstreckung aus anderen allgemeinen Leistungsurteilen

Zwar gilt nach dieser Vorschrift die jeweilige Willenserklärung mit Rechtskraft des Urteils als abgegeben, so daß die Befriedigung des Gläubigers ohne ein in §§ 888, 890 ZPO sowie in §§ 170, 172 VwGO vorgesehenes gerichtliches Zwischenverfahren eintritt.

Aus dieser Tatsache lassen sich jedoch keine Bedenken bei der Zwangsvollstreckung aus einem verwaltungsgerichtlichen Urteil auf Abgabe einer rechtsgeschäftlichen Willenserklärung herleiten. Denn soweit ein Verwaltungsträger zur Vornahme einer solchen Verwaltungshandlung verurteilt worden ist, besteht hinsichtlich dieser konkreten Leistung des verurteilten Verwaltungsträgers zwischen dem Bürger und dem öffentlich-rechtlichen Schuldner notwendig ein Koordinationsverhältnis.

Denn wenn der Staat mit dem Bürger in rechtsgeschäftliche Beziehungen tritt, ist er diesem — gleichgültig, ob die rechtsgeschäftliche Beziehung privatrechtlicher oder öffentlich-rechtlicher Natur ist — gleichgeordnet[81].

In einem solchen Fall rechtlicher Gleichordnung besteht aber kein Anlaß, dem Staat als Vollstreckungsschuldner eine Sonderstellung einzuräumen, so daß sich die Zwangsvollstreckung wegen des Anspruchs auf Abgabe einer rechtsgeschäftlichen Willenserklärung gegen einen Verwaltungsträger nach § 894 ZPO vollzieht[82].

Ob § 894 ZPO darüber hinaus bei der Zwangsvollstreckung aus anderen allgemeinen Leistungsurteilen gegen Verwaltungsträger entsprechend angewendet werden kann[83], wird noch zu prüfen sein.

Zunächst kann jedenfalls zusammenfassend festgehalten werden, daß bei der Zwangsvollstreckung gegen Verwaltungsträger aus allgemeinen Leistungsurteilen und entsprechenden einstweiligen Anordnungen, die nicht auf Zahlung einer Geldsumme gerichtet sind, grundsätzlich die in §§ 888, 890, 894 ZPO vorgesehenen Vollstreckungsverfahren anwendbar sind.

2. Die einzelnen Vollstreckungsfälle

Die Frage, welche zivilprozessuale Vorschrift im Einzelfall bei der Zwangsvollstreckung aus einem allgemeinen Leistungsurteil gegen ei-

---

[81] Vgl. *Eyermann / Fröhler*, § 40, Rdnr. 9 ff.; *Kopp*, § 40, Rdnr. 24; *Wolff / Bachof*, § 44, Seite 337, § 44 II, Seite 344 f.; OVG Münster vom 19. 4. 1967, DÖV 1967, 722 (723).

[82] a. A. *Hoffmann-Becking*, VerwArch. 62, 191 (198), der auf dem Standpunkt steht, allgemeine Leistungsurteile gegen Verwaltungsträger seien grundsätzlich nach § 172 VwGO zu vollstrecken.

[83] Vgl. hierzu *Naumann*, Streitigkeiten, Seite 380; *Rupp*, AöR 85, 336.

nen Verwaltungsträger anwendbar ist, beantwortet sich danach, worauf die jeweilige Verurteilung gerichtet ist.

Entsprechend der Einteilung der allgemeinen Leistungsklagen gegen Verwaltungsträger in Klagen, gerichtet auf ein positives Tun, Dulden oder Unterlassen[84], lassen sich auch allgemeine Leistungsurteile, gerichtet auf ein positives Tun, Dulden oder Unterlassen eines Verwaltungsträgers unterscheiden.

a) Zwangsvollstreckung aus Urteilen, gerichtet auf ein positives Tun eines Verwaltungsträgers

Das positive Tun, zu dem ein Verwaltungsträger durch ein allgemeines Leistungsurteil verurteilt werden kann, kann in der Vornahme eines „hoheitlichen Realaktes", der Abgabe einer „schlichten Verwaltungsäußerung" sowie in der Abgabe einer rechtsgeschäftlichen Willenserklärung bestehen. Denn wie gezeigt wurde, können nur diese drei Formen des Verwaltungshandelns Gegenstand einer allgemeinen Leistungsklage eines Bürgers gegen einen Verwaltungsträger sein, die auf ein positives Tun gerichtet ist[85]. Dementsprechend kann man zwischen der Zwangsvollstreckung wegen der Vornahme eines hoheitlichen Realaktes, wegen der Abgabe einer schlichten Verwaltungsäußerung sowie wegen der Abgabe einer rechtsgeschäftlichen Willenserklärung unterscheiden.

aa) Zwangsvollstreckung wegen der Vornahme hoheitlicher Realakte

Hat ein Bürger ein allgemeines Leistungsurteil auf Vornahme eines hoheitlichen Realaktes erwirkt — etwa ein Urteil auf Herausgabe bestimmter Unterlagen aus den Akten einer Behörde[86] — und weigert sich der verurteilte Verwaltungsträger, dieses verwaltungsgerichtliche Urteil zu erfüllen, so bietet sich für die Zwangsvollstreckung aus diesem Urteil das Verfahren des § 888 ZPO an.

Denn diese Vorschrift gibt dem Gläubiger die Möglichkeit, seinen Schuldner mit Hilfe des Gerichts zur Vornahme einer solchen unvertretbaren Handlung zu zwingen. Wie ein solches Vollstreckungsverfahren gegen einen Verwaltungsträger im einzelnen abläuft, wird unten im Zusammenhang dargestellt.

---

[84] Vgl. oben unter A. V.
[85] Vgl. oben unter A. IV.
[86] Vgl. zu dieser Fallgruppe *Holland*, JuS 1968, 559; BVerwG vom 9. 2. 1967, NJW 1967, 1192; OVG Lüneburg vom 29. 7. 1971, DVBl. 1972, 47; VGH Mannheim vom 13. 2. 1973, NJW 1973, 1664.

III. Zwangsvollstreckung aus anderen allgemeinen Leistungsurteilen 93

bb) Zwangsvollstreckung wegen der Abgabe schlichter Verwaltungsäußerungen

Hat ein Bürger ein allgemeines Leistungsurteil auf Abgabe einer schlichten Verwaltungsäußerung erwirkt — z. B. auf Widerruf einer ehrkränkenden Behauptung oder auf Änderung eines Zeugnisses —, und weigert sich der verurteilte Verwaltungsträger, dieses Urteil zu erfüllen, so bietet sich zur zwangsweisen Durchsetzung eines solchen Urteils ebenfalls das Zwangsvollstreckungsverfahren des § 888 ZPO an.

Es wird jedoch die Ansicht vertreten, soweit ein solches allgemeines Leistungsurteil lediglich auf Abgabe einer bestimmten Erklärung — etwa auf Widerruf einer ehrkränkenden Behauptung durch eine Behörde — gerichtet sei, richte sich die Zwangsvollstreckung nach § 894 ZPO[87]. Mit der Rechtskraft des allgemeinen Leistungsurteils gelte die geforderte Erklärung als abgegeben und damit die Verwaltungshandlung als vorgenommen.

Diese nicht weiter begründete Ansicht ist auf eine im Zivilrecht vereinzelt vertretene Meinung zurückzuführen, die davon ausgeht, ein zivilgerichtliches Urteil auf Widerruf einer ehrkränkenden Behauptung eines Dritten sei in entsprechender Anwendung des § 894 ZPO zu vollstrecken[88]. Denn für den in einem Widerrufsrechtsstreit unterlegenen Beklagten sei es unzumutbar, eine bestimmte Behauptung *persönlich* zu widerrufen, wenn er nur deshalb zum Widerruf verurteilt worden sei, weil er die Richtigkeit seiner Behauptung nicht habe beweisen können[89].

Mit Recht ist diese für den Zivilprozeß vereinzelt vertretene Auffassung überwiegend auf Ablehnung gestoßen[90]. Denn § 894 ZPO stellt eine Sondervorschrift für die Zwangsvollstreckung wegen der Abgabe von Willenserklärungen dar. Diese Sondernorm ist nicht analog anwendbar, wenn ein Schuldner zum Widerruf einer bestimmten Behauptung verurteilt worden ist. Denn die Abgabe einer solchen Erklärung stellt rechtlich einen Realakt dar[91]. Die mit der Vornahme eines Real-

---

[87] Vgl. *Naumann*, Streitigkeiten, Seite 380; *Rupp*, AöR 85, 336.

[88] Vgl. *Helle*, NJW 1963, 129; *Rötelmann*, NJW 1971, 1636 (1637 ff.); *Schönke / Baur*, § 39, Seite 194. Vgl. hierzu auch BGH vom 3. 5. 1977, BGHZ 68, 331, 336; OLG Frankfurt vom 12. 5. 1972, JZ 1974, 62; OLG Frankfurt vom 25. 9. 1981, NJW 1982, 113.

[89] Vgl. *Rötelmann*, NJW 1971, 1636; OLG Frankfurt vom 12. 5. 1972, JZ 1974, 62; OLG Frankfurt vom 25. 9. 1981, NJW 1982, 113.

[90] Vgl. *Baumbach / Lauterbach*, § 888, Anm. 1 B; § 894, Anm. 1 C; *Palandt / Bassenge*, § 1004, Anm. 5 b dd; *Thomas / Putzo*, § 894, Anm. 2 b; BVerfG vom 28. 1. 1970, NJW 1970, 652; BGH vom 18. 1. 1952, NJW 1952, 417; BGH vom 5. 6. 1962, NJW 1962, 1438. Offenlassend BGH vom 3. 5. 1977, BGHZ 68, 331, 336.

[91] Vgl. *Helle*, NJW 1963, 131; *Palandt / Heinrichs*, vor § 104, Anm. 2 d; BGH

aktes verbundene tatsächliche Veränderung der Außenwelt kann jedoch anders als die durch die Abgabe einer Willenserklärung bedingte Rechtsfolge nicht fingiert werden. Somit kann ein zivilgerichtliches Urteil auf Widerruf einer ehrkränkenden Behauptung nicht nach § 894 ZPO vollstreckt werden. Genausowenig kann aber auch ein verwaltungsgerichtliches Urteil auf Widerruf einer ehrkränkenden Behauptung nach § 894 ZPO vollstreckt werden, da auch die Vornahme dieser tatsächlichen Verwaltungshandlung[92] nicht fingiert werden kann.

Hat ein Bürger daher gegen einen Verwaltungsträger ein allgemeines Leistungsurteil auf Widerruf einer ehrkränkenden Behauptung oder auf Änderung eines Zeugnisses erwirkt, und weigert sich der öffentlich-rechtliche Schuldner, dieses Urteil zu erfüllen, so kann der Bürger gemäß § 167 Abs. 1 Satz 1 VwGO das Zwangsvollstreckungsverfahren des § 888 ZPO einleiten.

cc) Zwangsvollstreckung wegen der Abgabe rechtsgeschäftlicher Willenserklärungen

Ist ein Verwaltungsträger durch ein allgemeines Leistungsurteil zur Abgabe einer rechtsgeschäftlichen Willenserklärung verurteilt worden, so findet, wie bereits erwähnt, das Zwangsvollstreckungsverfahren des § 894 ZPO Anwendung[93].

Bedenken grundsätzlicher Art gegen die Anwendbarkeit des § 894 ZPO bei der Verurteilung eines Verwaltungsträgers zur Abgabe einer rechtsgeschäftlichen Willenserklärung greifen hier nicht ein, da sich aufgrund der in einem solchen Fall zwischen Gläubiger und Schuldner bestehenden Gleichordnung die grundsätzlich gegebene Sonderstellung des Staates als Vollstreckungsschuldner nicht auswirken kann.

b) Zwangsvollstreckung aus Duldungs- und Unterlassungsurteilen

Für die Zwangsvollstreckung aus einem verwaltungsgerichtlichen Duldungs- oder Unterlassungstitel gegen einen Verwaltungsträger bietet sich das Zwangsvollstreckungsverfahren des § 890 ZPO an.

Dieses Verfahren entspricht der besonderen Interessenlage bei der Zwangsvollstreckung wegen einer Duldungs- oder Unterlassungspflicht. Denn wenn ein Schuldner einer Duldungs- oder Unterlassungsverpflichtung zuwidergehandelt hat, kann er wegen des Fixcharakters

---

vom 5. 6. 1962, NJW 1962, 1438. Demgegenüber geht *Rupp*, AÖR 85, 336, offensichtlich davon aus, die Widerrufserklärung enthalte eine Willenserklärung.

[92] Vgl. *Wolff / Bachof*, § 45 II, Seite 364 f.

[93] So auch *Bachof*, Klage, Seite 163; *Holland*, Klage, Seite 68; *Rupp*, AÖR 85, 336; OVG Hamburg vom 5. 3. 1974, DÖV 1975, 359. a. A. *Hoffmann-Bekking*, VerwArch. 62, 191 (198), der § 172 VwGO anwendet.

III. Zwangsvollstreckung aus anderen allgemeinen Leistungsurteilen

dieser Verpflichtung nicht mehr nachträglich durch Zwangsmittel dazu gezwungen werden, diese Verpflichtung zu erfüllen. Bei einem Duldungs- und Unterlassungstitel ist daher nur eine solche Vollstreckungsmaßnahme sinnvoll, die den Verstoß gegen die gerichtlich festgesetzte Verpflichtung nachträglich ahndet und dadurch gleichzeitig den Schuldner davon abhält, in Zukunft nochmals gegen das Urteil zu verstoßen[94]. Da das Zwangsvollstreckungsverfahren des § 888 ZPO hierfür keine Grundlage bietet, ist diese Vorschrift bei Duldungs- und Unterlassungstiteln nicht anwendbar. Daher kann auch ein verwaltungsgerichtliches Duldungs- und Unterlassungsurteil gegen einen Verwaltungsträger nur nach § 890 ZPO vollstreckt werden[95].

Ob das Zwangsvollstreckungsverfahren des § 890 ZPO auch dann anwendbar ist, wenn eine Behörde zur Unterlassung eines Verwaltungsaktes verurteilt worden ist, könnte man im Hinblick darauf bezweifeln, daß die Zwangsvollstreckung aus solchen verwaltungsgerichtlichen Titeln in § 172 VwGO abschließend geregelt ist, die im Rahmen von öffentlich-rechtlichen Streitigkeiten ergehen, die sich auf einen Verwaltungsakt beziehen. Dies könnte dafür sprechen, *dieses* Unterlassungsurteil ebenfalls nach § 172 VwGO zu vollstrecken, so daß die Verweisung auf die zivilprozessualen Vollstreckungsvorschriften in § 167 Abs. 1 Satz 1 VwGO nicht eingreifen könnte.

Hiergegen spricht jedoch zunächst, daß das Urteil auf Unterlassung eines Verwaltungsaktes keine Erscheinungsform des Verpflichtungsurteils ist. Auch dieses Unterlassungsurteil ist ein allgemeines Leistungsurteil[96]; auf die Zwangsvollstreckung aus allgemeinen Leistungsurteilen ist § 172 VwGO aber weder direkt noch entsprechend anwendbar[97].

Selbst wenn man dem nicht folgen würde, könnte ein verwaltungsgerichtlicher Unterlassungstitel gegen einen Verwaltungsträger nicht nach § 172 VwGO vollstreckt werden, da das Verfahren des § 172 VwGO zur Vollstreckung eines solchen Titels ungeeignet ist[98]. Diese Vorschrift bietet ähnlich wie auch § 888 ZPO keine Grundlage, einen einmaligen Verstoß gegen einen Duldungs- und Unterlassungstitel *nachträglich* zu ahnden. Würde z. B. eine Behörde einer verwaltungsgerichtlichen Ver-

---

[94] Vgl. hierzu *Rabeneck*, Seite 165; OVG Münster vom 12. 12. 1973, NJW 1974, 917 (918).
[95] So auch *Holland*, Klage, Seite 68 f.; *Rabeneck*, Seite 165 ff.; *Rupp*, AöR 85, 336; VGH Mannheim vom 10. 5. 1973, NJW 1973, 1519; OVG Münster vom 12. 12. 1973, NJW 1974, 917. a. A. *Ule*, VerwArch. 65, 291 (309); VG Köln vom 5. 7. 1968, DVBl. 1968, 712.
[96] Vgl. oben unter A. IV. 3.
[97] Vgl. oben unter B. III. 1. b.
[98] Vgl. hierzu ausführlich *Rabeneck*, Seite 165; OVG Münster vom 12. 12. 1973, NJW 1974, 918.

pflichtung zuwider einen Verwaltungsakt erlassen, so könnte das Verwaltungsgericht in einem solchen Fall nach § 172 VwGO nur für den *nochmaligen* Verstoß gegen das Unterlassungsurteil ein Zwangsgeld androhen und nach nochmaligem Verstoß vollstrecken. Für die Androhung und Festsetzung eines Zwangsgeldes vor dem erstmaligen Verstoß gegen das Unterlassungsgebot bietet § 172 VwGO keine Grundlage, da nach dieser Vorschrift ein Zwangsvollstreckungsverfahren erst eingeleitet werden kann, wenn der öffentlich-rechtliche Schuldner seiner Unterlassungsverpflichtung nicht nachgekommen ist[99]. Daher ist davon auszugehen, daß auch ein verwaltungsgerichtliches Urteil, durch das eine Behörde verpflichtet worden ist, einen bestimmten Verwaltungsakt nicht zu erlassen, nur nach § 890 ZPO vollstreckt werden kann, gleichgültig, ob man dieses Urteil als Verpflichtungsurteil oder als allgemeines Leistungsurteil ansieht.

Hat daher die zuständige Behörde trotz verwaltungsgerichtlichen Verbots den Beginn der Sperrzeit für eine Gaststätte hinausgeschoben, so kann der Gläubiger das Zwangsvollstreckungsverfahren des § 890 ZPO einleiten[100]. Entsprechendes gilt, wenn ein allgemeiner Studentenausschuß als Vertreter der Studentenschaft einem verwaltungsgerichtlichen Verbot zuwider zu tagespolitischen Fragen Stellung genommen hat[101].

3. Die entsprechende Anwendung der zivilprozessualen Vollstreckungsnormen

Soll ein verwaltungsgerichtliches Leistungsurteil gegen einen Verwaltungsträger gemäß § 167 Abs. 1 Satz 1 VwGO unter entsprechender Anwendung der zivilprozessualen Vollstreckungsnormen vollstreckt werden, so richtet sich das konkrete Vollstreckungsverfahren je nach Inhalt des zu vollstreckenden Titels nach den §§ 888, 890, 894 ZPO. Zu untersuchen ist nun, wie das Zwangsvollstreckungsverfahren in einem solchen Fall abläuft. Dabei braucht das jeweilige Verfahren nicht in allen Einzelheiten dargestellt zu werden, sondern es sollen im wesentlichen nur die Besonderheiten herausgestellt werden, die sich daraus ergeben, daß sich das Zwangsvollstreckungsverfahren gegen einen Träger öffentlicher Verwaltung richtet[102].

---

[99] Vgl. OVG Münster vom 12. 12. 1973, NJW 1974, 918. Diese Schwierigkeiten berücksichtigt *Ule*, VerwArch. 65, 291 (309 f.) nicht.

[100] Der Ablauf dieses Verfahrens wird unten im Zusammenhang dargestellt.

[101] Vgl. zu dieser Fallgestaltung VGH Mannheim vom 10. 5. 1973, NJW 1973, 1519; VGH Mannheim vom 12. 5. 1976, DVBl. 1977, 211; OVG Münster vom 12. 12. 1973, NJW 1974, 917; VG Köln vom 5. 7. 1968, DVBl. 1968, 712. Vgl. auch den ähnlichen Sachverhalt bei BVerwG vom 17. 12. 1981, Az.: 5 C 56/79.

[102] Wegen der Einzelheiten des Verfahrensablaufes bei §§ 888, 890 ZPO kann auf die Lehrbücher und Kommentare zur ZPO verwiesen werden. Zum Verfahren bei § 890 ZPO vgl. insbesondere *Pastor*, Seite 69 ff.

III. Zwangsvollstreckung aus anderen allgemeinen Leistungsurteilen

a) Das Zwangsvollstreckungsverfahren nach § 888 ZPO

Erfüllt ein Verwaltungsträger ein zu seinen Lasten ergangenes allgemeines Leistungsurteil, das auf ein positives Tun — z. B. auf Erteilung einer bestimmten Auskunft — gerichtet ist, nicht, so kann der im Rechtsstreit siegreiche Bürger[103] das Zwangsvollstreckungsverfahren nach § 888 ZPO betreiben, falls die allgemeinen Vollstreckungsvoraussetzungen vorliegen.

aa) Die Einleitung des Verfahrens

Zur Einleitung des Zwangsvollstreckungsverfahrens muß der Gläubiger beim Gericht des 1. Rechtszuges, in der Regel also beim Verwaltungsgericht, beantragen, den öffentlich-rechtlichen Schuldner durch ein Zwangsgeld[104] zur Erfüllung des Urteils — im Beispielsfall also zur Erteilung der Auskunft — anzuhalten. Dieser Antrag braucht bezüglich der Höhe des Zwangsgeldes keine Angaben zu enthalten[105]. Fraglich ist, ob das Verwaltungsgericht auf diesen Antrag hin sofort durch Beschluß ein Zwangsgeld festsetzen kann, oder ob es zunächst der verurteilten Behörde eine angemessene Frist zur Erfüllung des Urteils setzen und gleichzeitig für den Fall des fruchtlosen Ablaufs dieser Frist das beabsichtigte Zwangsmittel androhen muß.

Bei der unmittelbaren Anwendung des § 888 ZPO im Zivilrechtsstreit ist es anerkannt, daß es im Ermessen des Gerichts steht, ob es das Zwangsgeld zunächst nur androht oder dieses sofort festsetzt[106]. Die Sonderstellung des Staates, die dieser als Vollstreckungsschuldner besitzt, erfordert es jedoch, daß bei einer analogen Anwendung des § 888 ZPO im Verwaltungsrechtsstreit der Festsetzung des konkreten Zwangsmittels regelmäßig zunächst ein Gerichtsbeschluß vorausgehen muß, in dem dieses Zwangsmittel zunächst für den Fall angedroht wird, daß die Behörde das Urteil innerhalb einer angemessenen Frist nicht erfüllt[107]. Dies entspricht auch der Regelung in § 172 VwGO, die ebenfalls vor der Festsetzung des konkreten Zwangsgeldes dessen Androhung vorschreibt.

---

[103] Entsprechendes würde gelten, falls ein Verwaltungsträger ein solches Urteil gegen einen anderen Verwaltungsträger erwirken würde.
[104] Das Zwangsmittel der Haft ist bei der Zwangsvollstreckung gegen Verwaltungsträger nicht anwendbar; vgl. oben unter B. III. 1. c. cc 1.
[105] Vgl. *Thomas / Putzo*, § 888, Anm. 3 a.
[106] Die Zulässigkeit eines Androhungsbeschlusses ergibt sich aus dem Wort „anhalten" in § 888 ZPO. Vgl. *Baumbach / Lauterbach*, § 888, Anm. 2 C; *Schönke / Baur*, § 38, Seite 189; *Schoenthal*, Seite 48 ff.; *Wieczorek*, § 888, Rdnr. E I; KG vom 16. 5. 1968, NJW 1969, 57.
[107] Vgl. hierzu auch *Kopp*, § 172, Rdnr. 5; BVerwG vom 30. 12. 1968, NJW 1969, 477.

Das Verwaltungsgericht hat daher, wenn der Antrag auf Zwangsvollstreckung aus einem Urteil gegen einen Verwaltungsträger auf Auskunftserteilung gestellt wird, den öffentlich-rechtlichen Schuldner[108] zunächst durch Beschluß aufzufordern, innerhalb einer kalendermäßig zu bestimmenden Frist die geforderte Auskunft zu erteilen. Gleichzeitig hat es für den Fall des fruchtlosen Ablaufs dieser Frist[109] ein bestimmtes Zwangsgeld anzudrohen. Erteilt die Behörde die Auskunft auch innerhalb dieser Frist nicht, so muß das Verwaltungsgericht auf erneuten Antrag des Gläubigers das angedrohte Zwangsgeld durch Beschluß festsetzen[110].

Die Höhe des Zwangsgeldes steht im Ermessen des Gerichts, wobei das Gericht an einen etwaigen Antrag des Gläubigers nicht gebunden ist[111]. Fraglich könnte nur sein, ob das Verwaltungsgericht hierbei an die Begrenzung des Zwangsgeldes auf 2 000,00 DM in § 172 VwGO gebunden ist oder ob es entsprechend der Regelung des § 888 ZPO ein Zwangsgeld bis zur Höhe von 50 000,00 DM verhängen kann. Da sich die Begrenzung des Zwangsgeldes auf 2 000,00 DM in § 172 VwGO in der Praxis nicht bewährt hat[112], besteht kein Anlaß, bei der Anwendung des § 888 ZPO im Verwaltungsrechtsstreit entsprechend zu verfahren.

bb) Die Beitreibung des Zwangsgeldes

Der Beschluß, durch den das Verwaltungsgericht das Zwangsgeld festgesetzt hat, ist gemäß § 168 Abs. 1 Nr. 1 VwGO ein vollstreckungsfähiger verwaltungsgerichtlicher Titel, der zugunsten der Staatskasse vollstreckt wird.

Fraglich ist, nach welcher Vorschrift das festgesetzte Zwangsgeld beigetrieben wird. Da der Festsetzungsbeschluß ein verwaltungsgerichtlicher Vollstreckungstitel ist, der auf Zahlung einer bestimmten Geldsumme lautet, wird dieser Beschluß durch das Verwaltungsgericht nach den verwaltungsprozessualen Bestimmungen vollstreckt, die die Zwangsvollstreckung wegen einer Geldforderung regeln[113]. Als anwendbare Vorschriften kommen daher die §§ 169, 170 VwGO in Betracht.

---

[108] Gegen wen dieser Androhungsbeschluß konkret zu richten ist, bestimmt sich danach, gegen wen dieser Beschluß tatsächlich vollstreckt wird; vgl. *Schoenthal*, Seite 50 f. Auf diese Frage wird unten gesondert eingegangen.

[109] Vgl. hierzu KG vom 16. 5. 1968, NJW 1969, 57.

[110] Vgl. hierzu *Baumbach / Lauterbach*, § 888, Anm. 3; *Schönke / Baur*, § 38, Seite 189.

[111] Vgl. *Baumbach / Lauterbach*, § 888, Anm. 3 A; *Schoenthal*, Seite 52.

[112] Vgl. hierzu *Bettermann*, DVBl. 1969, 121; *Jülich*, DVBl. 1968, 848; *Kellner*, MDR 1968, 965; *Ule*, Schriftenreihe Speyer, Seite 40 f.

[113] Dies entspricht auch der Vollstreckung eines Zwangsgeldbeschlusses nach § 172 VwGO; vgl. hierzu *Redeker / von Oertzen*, § 172, Rdnr. 7.

III. Zwangsvollstreckung aus anderen allgemeinen Leistungsurteilen

Die Frage, welche dieser beiden Vorschriften heranzuziehen ist, beantwortet sich danach, gegen wen dieser Zwangsgeldbeschluß im einzelnen vollstreckt wird. Wenn das festgesetzte Zwangsgeld unmittelbar von dem verurteilten Verwaltungsträger beigetrieben wird[114], so richtet sich das entsprechende Zwangsvollstreckungsverfahren nach § 170 VwGO. Denn die Sondervorschrift des § 170 VwGO greift immer dann ein, wenn wegen einer Geldforderung gegen die öffentliche Hand vollstreckt werden soll[115].

Denkbar wäre es jedoch auch, einen solchen Zwangsgeldbeschluß nicht unmittelbar gegen den verurteilten Verwaltungsträger selber zu vollstrecken, sondern gegen die natürliche Person, die ihn im Rechtsverkehr vertritt[116]. Denn ein verwaltungsgerichtliches Urteil, das zu Lasten der öffentlichen Hand ergeht, richtet sich notwendig gegen eine juristische Person des öffentlichen Rechts oder auch gegen eine sonstige öffentlich-rechtliche Vereinigung[117] oder Behörde, soweit diese nach § 61 Nr. 2, 3 VwGO parteifähig sind[118]. Diese öffentlich-rechtlichen Parteien eines Verwaltungsrechtsstreits sind selber nicht prozeßfähig und können daher gemäß § 62 Abs. 2 VwGO im Verwaltungsrechtsstreit nur durch eine natürliche Person — ihren gesetzlichen Vertreter oder verantwortlichen Leiter — handeln[119]. Dieser Gesichtspunkt könnte dafür sprechen, einen im Rahmen des § 888 ZPO durch ein Verwaltungsgericht erlassenen Zwangsgeldbeschluß unmittelbar gegen den Vertreter des prozeßunfähigen öffentlich-rechtlichen Vollstreckungsschuldners zu vollstrecken. Für diesen Fall wäre das Zwangsgeld nach der Vorschrift des § 169 VwGO beizutreiben[120].

Es ist daher zu untersuchen, ob ein Zwangsgeldbeschluß, den ein Verwaltungsgericht zur zwangsweisen Durchsetzung eines allgemeinen Leistungsurteils nach § 888 ZPO erlassen hat, unmittelbar gegen den verurteilten prozeßunfähigen Verwaltungsträger oder gegen dessen Vertreter vollstreckt wird[121].

---

[114] So der Wortlaut des § 172 VwGO für die Beitreibung eines nach dieser Vorschrift festgesetzten Zwangsgeldes.

[115] Vgl. *Kopp*, § 170, Rdnr. 2; *Redeker / von Oertzen*, § 170, Rdnr. 1; *Ule*, Verwaltungsgerichtsbarkeit, § 170.

[116] Vgl. hierzu § 12 Nr. 3, 4 VwVfG.

[117] Vgl. zu diesem Begriff *Kopp*, § 61, Rdnr. 6; *Stern*, Probleme, Seite 101 f.

[118] Vgl. hierzu *Klinger*, § 61, Anm. 2, 3; *Redeker / von Oertzen*, § 61, Rdnr. 4 ff.; *Ule*, Prozeßrecht, § 18, Seite 86 ff.

[119] Vgl. *Kopp*, § 62, Rdnr. 8; *Redeker / von Oertzen*, § 62, Rdnr. 6; *Ule*, Prozeßrecht, § 19, Seite 88. Vgl. hierzu auch *Baumbach / Lauterbach*, § 52, Anm. 1 B; *Erichsen*, VerwR, Seite 56; *Rosenberg / Schwab*, § 44, Seite 218; *Stein / Jonas*, § 52, Anm. III A.

[120] Zum Verfahren des § 169 VwGO vgl. *Redeker / von Oertzen*, § 169, Rdnr. 3 ff.

[121] Nach dem Ergebnis dieser Prüfung beantwortet sich auch die zunächst

100   B. Die Zwangsvollstreckung aus allgemeinen Leistungsurteilen

Eine ähnliche Frage stellt sich, wenn ein zivilgerichtliches Urteil gegen eine prozeßunfähige Partei — z. B. gegen eine juristische Person des Privatrechts — nach § 888 ZPO durch Verhängung eines Zwangsgeldes vollstreckt werden soll[122]. Hier steht die überwiegende Meinung auf dem Standpunkt, ein im Rahmen des § 888 ZPO erlassener Zwangsgeldbeschluß sei in einem solchen Fall unmittelbar gegen die prozeßunfähige Partei und nicht gegen deren Vertreter zu vollstrecken[123]. Denn der Vertreter der prozeßunfähigen Partei — z. B. das Organ einer juristischen Person des Privatrechts — sei selber nicht Partei des Rechtsstreits und schulde damit nicht die im Urteil ausgesprochene Leistung. Nach dem Wortlaut des § 888 ZPO könne aber nur der prozeßunfähige Vollstreckungsschuldner durch ein Zwangsgeld zur Erfüllung des Urteils angehalten werden[124]. Sein Vertreter im Rechtsstreit werde nur mittelbar durch die Zwangsvollstreckungsmaßnahme betroffen, da er verpflichtet sei, der durch ihn vertretenen prozeßunfähigen Partei den Schaden zu ersetzen, der infolge der Beitreibung des Zwangsgeldes entstehe[125].

Es bestehen jedoch Bedenken, ob diese Handhabung des § 888 ZPO dem Sinn und Zweck dieses Zwangsvollstreckungsverfahrens entspricht. Das Zwangsvollstreckungsverfahren des § 888 ZPO ist darauf gerichtet, den Willen eines Vollstreckungsschuldners, der die Erfüllung eines Urteils verweigert, durch Zwangsmittel zu beugen[126]. Ist der Vollstrek-

---

offengebliebene Frage, gegen wen der Beschluß, der das Zwangsgeld androht und festsetzt, zu richten ist.

[122] *Pastor*, Seite 58 ff., differenziert bei der ähnlichen Fallgestaltung des § 890 ZPO zwischen prozeßunfähigen Einzelpersonen einerseits und juristischen Personen andererseits, ohne zu berücksichtigen, daß beide Rechtssubjekte zwar Rechtsträger sein können, ihnen aber die Prozeßfähigkeit fehlt.

[123] So *Baumbach / Lauterbach*, § 888, Anm. 3 C; *Hofacker*, VerwArch. 14, 457; *Pastor*, Seite 58 ff., 88 f., 109 f.; *Schönke / Baur*, § 38, Seite 190; *Schultzenstein*, ZZP 35, 475 (504); *Thomas / Putzo*, § 888, Anm. 3 c cc. a. A. *Hellwig*, Seite 397; *Rosenberg / Schwab*, § 53 II, Seite 274; *Schoenthal*, Seite 53 ff. (60); *Wieczorek*, § 888, Anm. C I. Vgl. hierzu auch *Bachof*, Klage, Seite 165; *Miedtank*, Seite 80 ff.; *Rabeneck*, Seite 167 f. Auch *Stein / Jonas / Münzberg* vertreten abweichend von der 18. Auflage nunmehr die Auffassung, in einem solchen Falle könne das Zwangsgeld auch gegen den Vertreter der prozeßunfähigen Partei verhängt werden; vgl. *Stein / Jonas*, § 888, Anm. IV.

[124] Demgegenüber steht die h. M. bei dem im Verwaltungsrechtsstreit unzulässigen Zwangsmittel der Haft auf dem Standpunkt, dieses Zwangsmittel richte sich gegen den Vertreter der Partei. Vgl. *Baumbach / Lauterbach*, § 888, Anm. 3 C; *Stein / Jonas*, § 888, Anm. IV; *Pastor*, Seite 55 ff. sowie *Schultzenstein*, ZZP 35, 504, die diese Ansicht zu Recht als inkonsequent bezeichnen und dieses Zwangsmittel bei der Zwangsvollstreckung gegen juristische Personen als begrifflich undurchführbar ablehnen. Vgl. ausführlich *Pastor*, Seite 55 ff.

[125] Vgl. hierzu *Schoenthal*, Seite 55 ff., der diesen Gesichtspunkt zu Recht in Zweifel zieht.

[126] Zur Rechtsnatur des § 888 vgl. *Baumbach / Lauterbach*, § 888 ZPO, Anm. 3 B; *Schoenthal*, Seite 61; *Stein / Jonas*, § 888, Anm. IV.

III. Zwangsvollstreckung aus anderen allgemeinen Leistungsurteilen

kungsschuldner selber aber prozeßunfähig, so ist es widersinnig, ein nach dieser Vorschrift festgesetztes Zwangsgeld unmittelbar gegen ihn zu vollstrecken. Denn ein Rechtsträger, der nicht prozeßfähig ist, ist auch nicht geschäftsfähig[127] und besitzt auch keine eigene Handlungs- und Willensfähigkeit[128]. So kann z. B. eine juristische Person nur durch ihre Organe oder eine Behörde nur durch ihren Leiter rechtlich verbindlich handeln. Die juristische Person des privaten sowie auch des öffentlichen Rechts ist selber weder handlungs- noch willensfähig[129,130]. Diese Rechtsträger können somit selber weder ein Urteil erfüllen noch die Erfüllung eines Urteils verweigern; eine solche Handlung können sie nach außen nur durch ihre sie vertretenden Organe vornehmen.

Soll daher ein handlungs- und willensunfähiger Rechtsträger durch Zwangsmittel zur Erfüllung eines Urteils angehalten werden, so kommt sinnvollerweise als Adressat des Zwangsmittels nur das Organ in Betracht, das ihn im Rechtsstreit vertritt und durch das er nach außen handelt. Nur dieses Organ besitzt den tatsächlich relevanten Willen, der durch ein Zwangsmittel gebeugt werden kann[131]. Daher ist bereits bei der unmittelbaren Anwendung des § 888 ZPO im Zivilrechtsstreit gegen einen prozeßunfähigen Vollstreckungsschuldner davon auszugehen, daß ein nach dieser Vorschrift festgesetztes Zwangsgeld nicht von der prozeßunfähigen Partei, sondern von dessen Vertreter im Rechtsstreit beizutreiben ist[132].

Dies spricht dafür, auch bei der entsprechenden Anwendung des § 888 ZPO im Verwaltungsrechtsstreit ein nach dieser Vorschrift festgesetztes Zwangsgeld vom *Vertreter* des prozeßunfähigen, verurteilten Verwaltungsträgers beizutreiben. Diese Handhabung des § 888 ZPO ist abgesehen von den vorstehenden Ausführungen im Verwaltungsrechtsstreit auch insoweit vorzuziehen, weil nur so gewährleistet ist, daß dieses Zwangsvollstreckungsverfahren auch bei der Zwangsvollstreckung gegen einen Verwaltungsträger einen wirksamen Vollstreckungsdruck entfaltet. Die Zwangswirkung, die von der Festsetzung und Bei-

---

[127] Vgl. §§ 62 Abs. 1 VwGO, 52 Abs. 1 ZPO. Vgl. hierzu *Eyermann / Fröhler*, § 62, Rdnr. 1 ff.; *Rosenberg / Schwab*, § 44, Seite 214 ff.
[128] Vgl. hierzu *Lehmann / Hübner*, § 11 III, Seite 84 f.
[129] Vgl. *Lehmann / Hübner*, § 60, Seite 435 ff., 441; *Obermayer*, Verwaltungsrecht, Seite 137 ff.; *Palandt / Danckelmann*, Einführung vor § 21, Anm. 2, 3; *Wolff / Bachof*, § 34; *Wolff / Bachof*, § 74 I e, Seite 47 f. Vgl. auch die Regelung in § 12 Nr. 3, 4 VwVfG.
[130] Dieser Gesichtspunkt wird bei *Pastor*, Seite 58 ff., 88 f., 109 f. nicht hinreichend berücksichtigt.
[131] So auch *Pastor*, Seite 190, für die prozeßunfähige Einzelperson.
[132] So insbesondere *Schoenthal*, Seite 53 ff.; vgl. auch *Rabeneck*, Seite 167 ff.; *Rosenberg / Schwab*, § 53 II, Seite 274; *Wieczorek*, § 888, Anm. C I. Ähnlich auch VGH Mannheim vom 12. 5. 1976, DVBl. 1977, 211.

treibung eines Zwangsgeldes nach § 888 ZPO ausgehen soll, bliebe im Einzelfall nur theoretischer Natur, wenn dieses Zwangsgeld unmittelbar von dem verurteilten prozeßunfähigen Verwaltungsträger beigetrieben würde. Denn bei dieser Handhabung des § 888 ZPO würde sich die öffentliche Hand in ihrer Gesamtheit als Staat betrachtet insoweit selber für die Mißachtung des Urteils bestrafen, als das Zwangsgeld aus öffentlichen Mitteln zu entrichten wäre und zugunsten der Staatskasse beigetrieben würde[133].

Wenn ein solcher Zwangsgeldbeschluß z. B. von einem Verwaltungsgericht eines Landes gegen einen Verwaltungsträger des gleichen Landes erlassen würde, würde sich der ganze Vollstreckungsdruck dieses Zwangsvollstreckungsverfahrens in der Auslösung eines Buchungsvorganges innerhalb der Landeskasse erschöpfen. Das Zwangsgeld wäre dem Verfügungsguthaben des betreffenden Verwaltungszweiges des Landes zu belasten und dem Einnahmetitel der Verwaltungsgerichtsbarkeit gutzubringen. Der von dem Land beizutreibende Geldbetrag flösse auf diese Weise wieder in die Landeskasse, so daß im Gesamthaushalt des Landes im Ergebnis keinerlei Belastung eintreten würde[134].

Ein Ausweg aus diesem Dilemma kann nur dadurch gefunden werden, daß ein Zwangsgeld, das bei der Zwangsvollstreckung aus einem allgemeinen Leistungsurteil nach § 888 ZPO festgesetzt worden ist, nicht von dem verurteilten Verwaltungsträger beigetrieben wird, sondern von dem Amtsträger, der als Vertreter oder Leiter des öffentlichrechtlichen Vollstreckungsschuldners für die Nichtausführung des Urteils verantwortlich ist[135].

Diese unmittelbare Inanspruchnahme des verantwortlichen Amtsträgers deckt sich auch mit den beamtenrechtlichen Grundsätzen, wie sie z. B. in §§ 38 Abs. 1 BRRG, 56 Abs. 1 BBG, 59 Abs. 1 LBGNW konkretisiert worden sind. Nach diesen Vorschriften trägt jeder Beamte die volle persönliche Verantwortung für die Rechtmäßigkeit seiner dienstlichen Handlungen. Dieser beamtenrechtliche Grundsatz bildet die rechtliche Grundlage für die vermögensrechtliche, disziplinarrechtliche oder strafrechtliche Inanspruchnahme eines Beamten bei einer Verletzung seiner Dienstpflichten[136]. Entschließt sich ein Beamter als verantwortlicher Leiter eines Verwaltungsträgers, einen zu dessen Lasten ergangenen verwaltungsgerichtlichen Leistungstitel nicht zu er-

---

[133] Vgl. hierzu *Kellner*, MDR 1968, 965; *Miedtank*, Seite 128 ff.; *Platz*, Seite 146; *Rupp*, AÖR 85, 335 f.
[134] Vgl. *Kellner*, MDR 1968, 965; *Miedtank*, Seite 129.
[135] So auch *Miedtank*, Seite 130 f.; *Platz*, Seite 146; *Rupp*, AÖR 85, 336. Vgl. auch *Bachof*, Klage, Seite 166 ff., 170; *Rabeneck*, Seite 168. Ähnlich VGH Mannheim vom 12. 5. 1976, DVBl. 1977, 211.
[136] Vgl. *Ule*, Beamtenrecht, § 38 BRRG, Rdnr. 1.

III. Zwangsvollstreckung aus anderen allgemeinen Leistungsurteilen

füllen, so kann er aufgrund dieser Vorschriften wegen seines Verhaltens nachträglich persönlich zur Verantwortung gezogen werden[137]. Wenn es aber möglich ist, den für die Nichtausführung eines Urteils verantwortlichen Beamten nachträglich zur Verantwortung zu ziehen, so läßt der Grundsatz der persönlichen Verantwortlichkeit des handelnden Beamten auch die Möglichkeit zu, die Dienstpflichtverletzung, die die Nichtausführung des Urteils darstellt, durch solche Vollstreckungsmaßnahmen zu verhindern, die sich unmittelbar gegen den verantwortlichen Beamten richten.

Somit ist für den Verwaltungsrechtsstreit davon auszugehen, daß ein Zwangsgeldbeschluß, den ein Verwaltungsgericht bei der Zwangsvollstreckung aus einem allgemeinen Leistungsurteil nach §§ 167 Abs. 1 Satz 1 VwGO, 888 ZPO erlassen will, nicht unmittelbar gegen den verurteilten prozeßunfähigen Verwaltungsträger, sondern gegen dessen Vertreter im Rechtsstreit erlassen und vollstreckt wird[138]. Ein solcher Zwangsgeldbeschluß ist daher nach der Vorschrift des § 169 VwGO zu vollstrecken[139].

Soll daher ein allgemeines Leistungsurteil gegen einen Verwaltungsträger — z. B. ein Urteil gegen eine nordrheinwestfälische Gemeinde auf Erteilung einer bestimmten Auskunft — nach § 888 ZPO vollstreckt werden, so liefe das Verfahren wie folgt ab:

Sofern die Gemeinde die Auskunft innerhalb einer angemessenen Frist nach Vollstreckbarkeit des Urteils nicht erteilt hat, hat das Verwaltungsgericht auf Antrag des Gläubigers den Gemeindedirektor als Vertreter der Gemeinde[140] durch Beschluß unter Fristsetzung aufzufordern, in seiner Eigenschaft als Vertreter des Schuldners die geforderte Auskunft zu erteilen. Gleichzeitig hat das Gericht für den Fall des fruchtlosen Ablaufs der Frist ein bestimmtes Zwangsgeld von höchstens 50 000,00 DM anzudrohen. Nach fruchtlosem Fristablauf hat das Verwaltungsgericht auf erneuten Antrag des Gläubigers das Zwangsgeld durch Beschluß gegen den Gemeindedirektor festzusetzen und diesen Beschluß nach § 169 VwGO gegen diesen zu vollstrecken[141].

---

[137] Eine solche mittelbare Inanspruchnahme braucht der für die Nichterfüllung eines Urteils verantwortliche Beamte aber immer dann nicht zu befürchten, wenn sein Verhalten von seinem Dienstherrn gedeckt wird. Vgl. hierzu *Jülich*, DVBl. 1968, 848; *Miedtank*, Seite 130; *Ule*, Schriftenreihe Speyer, Seite 40 f.

[138] Somit ist auch das der Festsetzung des Zwangsgeldes vorausgehende Androhungsverfahren nicht gegen den verurteilten Verwaltungsträger zu richten, sondern gegen dessen Vertreter im Rechtsstreit. Vgl. hierzu *Schoenthal*, Seite 50 f.

[139] Auch bei der Beitreibung eines nach § 888 ZPO festgesetzten Zwangsgeldes ist ähnlich wie im Zwangsvollstreckungsverfahren nach § 172 VwVO der Grundsatz des § 15 VwVG zu beachten.

[140] Vgl. § 55 Abs. 1 GONW.

Hiergegen könnte man nun einwenden, die Regelung des § 172 VwGO stehe einer solchen Handhabung des § 888 ZPO im Verwaltungsrechtsstreit entgegen. Denn nach dem eindeutigen Wortlaut des § 172 VwGO wird ein aufgrund dieser Vorschrift bei der Zwangsvollstreckung aus einem Verpflichtungsurteil erlassener Zwangsgeldbeschluß unmittelbar gegen die verurteilte Behörde vollstreckt[142]. Insoweit ist der Gesetzgeber der VwGO von dem diesbezüglichen Gesetzgebungsvorschlag von *Bachof*[143] sowie von einem ersten Entwurf einer Bundesverwaltungsgerichtsordnung[144] abgewichen. In diesen Gesetzesvorschlägen war ebenfalls vorgesehen, bei der Zwangsvollstreckung aus einem Verpflichtungsurteil ein festzusetzendes Zwangsgeld nicht von der verurteilten Behörde, sondern von deren Leiter beizutreiben.

Dieser Einwand ist jedoch nicht berechtigt. Denn die Schwäche des Zwangsvollstreckungsverfahrens nach § 172 VwGO liegt gerade darin, daß das konkrete Zwangsmittel unmittelbar gegen die verurteilte Behörde zu richten ist und nicht gegen deren Leiter, der für den verurteilten handlungsunfähigen Verwaltungsträger handelnd die Erbringung der titulierten Leistung mit verbindlicher Außenwirkung verweigert hat und daher sowohl rechtlich als auch tatsächlich für die Nichtausführung des Urteils verantwortlich ist.

Zu Recht ist diese Regelung des § 172 VwGO bereits frühzeitig auf Kritik gestoßen[145], da man erkannte, daß diese konkrete Ausgestaltung des Vollstreckungsverfahrens dem Anliegen des § 172 VwGO nicht voll gerecht wird, dem Bürger in Erfüllung des Postulats des Art. 19 Abs. 4 GG die erfolgreiche Durchsetzung seiner Rechte gegenüber der Verwaltung auch dann zu garantieren, wenn diese sich der Erfüllung eines verwaltungsgerichtlichen Urteils ausnahmsweise widersetzen sollte. Denn ein Zwangsvollstreckungsverfahren gegenüber einem Verwaltungsträger ist aus den aufgezeigten Gründen weder sinnvoll, noch im Ergebnis in jedem Fall wirksam, wenn das konkrete Zwangsmittel sich gegen den prozeßunfähigen öffentlich-rechtlichen Vollstreckungsschuldner und nicht gegen dessen Vertreter im Rechtsstreit richtet.

---

[141] Auch das Verfahren des § 888 ZPO kann mehrfach wiederholt werden. Vgl. *Baumbach / Lauterbach*, § 888, Anm. 3 A.
[142] Vgl. *Eyermann / Fröhler*, § 172, Rdnr. 2; *Redeker / von Oertzen*, § 172, Rdnr. 7; *Schunck / De Clerck*, § 172, Anm. 2 d; *Thomas*, BayVBl. 1967, 338; *Ule*, Prozeßrecht, § 71, Seite 292.
[143] Vgl. *Bachof*, Klage, Seite 166 ff., 170. Vgl. auch *Platz*, Seite 146.
[144] Vgl. die Nachweise bei *Miedtank*, Seite 116 Fn. 86.
[145] *Miedtank*, Seite 126 ff.; *Platz*, Seite 146; *Rupp*, AÖR 85, 301 (336).
[146] Vgl. hierzu *Bethge*, SKV 1972, 123; *Jülich*, DVBl. 1968, 848; *Kellner*, MDR 1968, 965; *Ule*, Schriftenreihe Speyer, Seite 40 f.; OVG Lüneburg vom 17. 3. 1967, DVBl. 1969, 119 mit Anm. *Bettermann*, DVBl. 1969, 121.

III. Zwangsvollstreckung aus anderen allgemeinen Leistungsurteilen 105

Dies hat sich auch in der Praxis bestätigt. So hat sich z. B. die Stadt Hannover in dem bereits erwähnten Rechtsstreit mit der NPD auch nach Zahlung eines nach § 172 VwGO festgesetzten Zwangsgeldes geweigert, eine einstweilige Anordnung des Verwaltungsgerichts Hannover zu erfüllen, in der ihr auferlegt worden war, der NPD die Stadthalle für eine bestimmte Veranstaltung zur Verfügung zu stellen[146]. Es wäre kaum vorstellbar, daß diese einstweilige Anordnung auch dann im Ergebnis nicht erfüllt worden wäre, wenn das Verwaltungsgericht ein Zwangsgeld von beispielsweise 50 000,00 DM unmittelbar gegen den gesetzlichen Vertreter der Stadt Hannover festgesetzt hätte, das dieser dann hätte persönlich entrichten müssen.

Wenn sich somit die Regelung des § 172 VwGO, bei der Nichtausführung eines verwaltungsgerichtlichen Verpflichtungsurteils die verurteilte Behörde selber in Anspruch zu nehmen, nicht bewährt hat, so besteht kein Anlaß, insoweit das Zwangsvollstreckungsverfahren des § 888 ZPO dem des § 172 VwGO anzugleichen, wenn ein allgemeines Leistungsurteil gegen einen Verwaltungsträger vollstreckt werden soll. Vielmehr bleibt es — wie bereits *Miedtank* festgestellt hat — weiterhin ein dringendes Bedürfnis des Gesetzgebers, § 172 VwGO dahin gehend zu ändern, daß der in dieser Vorschrift vorgesehene Zwangsgeldbeschluß zumindest wahlweise auch gegen den Leiter einer verurteilten Behörde vollstreckt werden kann[147]. Nur so kann auch in diesem Bereich die Rechtsschutzgarantie des Art. 19 Abs. 4 GG verwirklicht werden, wenn sich ein Verwaltungsträger weigert, ein verwaltungsgerichtliches Urteil zugunsten eines Bürgers zu erfüllen.

b) Das Zwangsvollstreckungsverfahren nach § 890 ZPO

Handelt ein Verwaltungsträger einem verwaltungsgerichtlichen Duldungs- oder Unterlassungstitel zuwider, so kann der Gläubiger das Zwangsvollstreckungsverfahren des § 890 ZPO einleiten[148].

Dazu muß er beim Gericht des ersten Rechtszuges, in der Regel also beim Verwaltungsgericht, die Verhängung eines Ordnungsgeldes[149] beantragen[150]. Das Gericht kann diesem Antrag jedoch nur dann stattgeben, wenn dem Verstoß gegen das Urteil ein Androhungsbeschluß

---

[147] *Miedtank*, Seite 131. Vgl. hierzu auch *Bachof*, Klage, Seite 166 ff., 170; *Platz*, Seite 146; *Rupp*, AÖR 85, 336.

[148] Vgl. zu den Einzelheiten des Verfahrens nach § 890 ZPO *Baumbach / Lauterbach*, § 890, Anm. 2 ff.; *Pastor*, Seite 19 ff.; *Schönke / Baur*, § 37, Seite 190 ff.; VGH Mannheim vom 10. 5. 1973, NJW 1973, 1519; OVG Münster vom 12. 12. 1973, NJW 1974, 918.

[149] Auch bei der entsprechenden Anwendung des § 890 ZPO im Verwaltungsrechtsstreit scheidet das Zwangsmittel der Haft aus.

[150] Der Antrag des Gläubigers braucht hinsichtlich der Höhe des zu verhängenden Ordnungsgeldes keine Bestimmung zu enthalten.

B. Die Zwangsvollstreckung aus allgemeinen Leistungsurteilen

gemäß § 890 Abs. 2 ZPO vorausgegangen ist[151]. Liegt ein solcher Androhungsbeschluß vor, so setzt das Gericht nach Anhörung des Schuldners[152] durch einen zu begründenden Beschluß[153] ein Ordnungsgeld von höchstens 500 000,00 DM fest, falls es bei der Prüfung des Sachverhalts zu dem Ergebnis kommt, daß gegen den Inhalt des Urteils verstoßen worden ist.

Nach der Neufassung des § 890 ZPO[154] ist streitig, ob eine Zwangsmaßnahme nach dieser Vorschrift nur dann festgesetzt werden darf, wenn gegen den Duldungs- oder Unterlassungstitel *schuldhaft* verstoßen worden ist[155]. Ohne zu diesem Streitpunkt abschließend Stellung zu nehmen, dürfte der Ansicht der Vorzug zu geben sein, die wegen des strafrechtsähnlichen Charakters der in § 890 ZPO n. F. vorgesehenen Ordnungsmittel weiterhin einen schuldhaften Verstoß gegen den Duldungs- oder Unterlassungstitel fordert[156]. Da ein zur Duldung oder Unterlassung verurteilter Verwaltungsträger selber nicht handlungsfähig ist und damit nur durch seinen gesetzlichen Vertreter gegen den verwaltungsgerichtlichen Titel verstoßen kann, setzt die Verhängung einer Geldstrafe voraus, daß ein Verschulden dieser natürlichen Person festgestellt werden kann[157].

Auch bei der Zwangsvollstreckung aus einem verwaltungsgerichtlichen Duldungs- oder Unterlassungstitel stellt sich die Frage, von wem ein nach § 890 ZPO festgesetztes Ordnungsgeld beizutreiben[158,159] ist.

---

[151] Vgl. hierzu *Baumbach / Lauterbach*, § 890, Anm. 5; *Schönke / Baur*, § 38, Seite 191; *Schoenthal*, Seite 48 ff.

[152] Vgl. § 891 ZPO.

[153] Vgl. *Thomas / Putzo*, § 890, Anm. 3 b; OLG Frankfurt vom 6. 3. 1968, NJW 1969, 58.

[154] Vgl. hierzu *Brehm*, NJW 1975, 249; *Stein / Jonas*, § 890, Anm. II 3 b.

[155] Vgl. *Baumbach / Lauterbach*, § 890, Anm. 3 D; *Pastor*, Seite 195 ff.; *Thomas / Putzo*, § 890, Anm. 2 b. Zur Rechtslage bei § 890 ZPO a. F. vgl. BVerfG vom 25. 10. 1966, NJW 1967, 196; OLG Celle vom 23. 2. 1973, NJW 1973, 1136.

[156] So *Pastor*, Seite 914 ff.; *Stein / Jonas*, § 890, Anm. III 3 b; *Thomas / Putzo*, § 890, Anm. 2 b.

[157] Vgl. *Pastor*, Seite 198 ff.; *Stein / Jonas*, § 890, Anm. V. Hierbei ist zu berücksichtigen, daß der verantwortliche Leiter des verurteilten Verwaltungsträgers Zuwiderhandlungen gegen das Urteil durch nachgeordnete Beamte zu verhindern hat; vgl. hierzu *Rabeneck*, Seite 169.

[158] Bei der Zwangsvollstreckung aus Urteilen der ordentlichen Gerichtsbarkeit nach § 890 ZPO gegen juristische Personen des Privatrechts geht die h. M. wie bei § 888 ZPO davon aus, ein Ordnungsgeld sei von der juristischen Person selber beizutreiben; vgl. *Baumbach / Lauterbach*, § 890, Anm. 3 E; *Schönke / Baur*, § 38, Seite 192; *Schultzenstein*, ZZP 35, 515; a. A. *Schoenthal*, Seite 53 ff. m. w. N.; auch *Stein / Jonas / Münzberg* vertreten, abweichend von der 18. Auflage, nunmehr die Auffassung, das Ordnungsgeld sei gegen den Vertreter einer prozeßunfähigen Partei zu richten; vgl. *Stein / Jonas*, § 890, Anm. V.

[159] Eine differenzierende Auffassung wird von *Pastor* vertreten. Soweit es

III. Zwangsvollstreckung aus anderen allgemeinen Leistungsurteilen 107

Entsprechend den Grundsätzen, die für die entsprechende Anwendung des § 888 ZPO im Verwaltungsrechtsstreit entwickelt worden sind, wird man auch hier davon ausgehen müssen, daß dieses Zwangsmittel unmittelbar gegen den Vertreter des verurteilten prozeßunfähigen Verwaltungsträgers zu richten ist[160]. Denn der verurteilte Verwaltungsträger kann die Verwaltungshandlung, die einen Verstoß gegen den verwaltungsgerichtlichen Duldungs- oder Unterlassungstitel darstellt, infolge seiner Handlungsunfähigkeit rechtlich wirksam nur durch diese natürliche Person vornehmen, die ihn im Rechtsstreit vertritt. Im übrigen ist eine Heranziehung des den Verwaltungsträger vertretenden Organs vor dem Hintergrund konsequent, daß zwingend ein *schuldhafter* Verstoß dieser den Verwaltungsträger vertretenden natürlichen Person gegen den Duldungs- oder Unterlassungstitel festgestellt werden muß, um das Zwangsvollstreckungsverfahren nach § 890 ZPO zu eröffnen[161].

So entscheidet etwa der Gemeindedirektor als gesetzlicher Vertreter der zuständigen Gemeinde darüber, ob entgegen einem verwaltungsgerichtlichen Unterlassungsurteil die Sperrzeit für eine bestimmte Gaststätte verkürzt wird[162]; das Vollstreckungsverfahren des § 890 ZPO kann nur durchgeführt werden, wenn ein *schuldhafter* Verstoß dieses Vertreters der Gemeinde festgestellt werden kann. Insoweit erscheint es auch alleine sinnvoll, ihn persönlich für einen solchen Urteilsverstoß in Anspruch zu nehmen.

Ebenso handelt etwa die Studentenschaft einer Universität durch den Allgemeinen Studentenausschuß, so daß es richtig ist, bei Verstößen gegen gerichtliche Verbote, die gegen die Studentenschaft auf Antrag eines ihrer Mitglieder ergangen sind, ein entsprechendes Zwangsgeld gemäß §§ 167 Abs. 1 VwGO, 890 ZPO gegen den Allgemeinen Studentenausschuß zu richten[163].

Da somit auch ein Ordnungsgeldbeschluß, der bei der Zwangsvollstreckung aus einem verwaltungsgerichtlichen Duldungs- oder Unter-

---

sich um eine prozeßunfähige Einzelperson handelt, soll sich das Ordnungsmittel gegen den gesetzlichen Vertreter des Prozeßunfähigen richten, da dieser für den Prozeßunfähigen handele. Bei rechtsfähigen Personengesellschaften, insbesondere auch Körperschaften des öffentlichen Rechts, seien die Ordnungsmittel aber nicht gegen deren Organe zu richten, da diese juristische Personen eigenständige Willensträger seien und selber durch ihre Organe handelten. Vgl. *Pastor*, Seite 58 ff., 88 f., 190 f.

[160] So auch *Rabeneck*, Seite 168 f. Ähnlich wie hier die Überlegungen bei VGH Mannheim vom 12. 5. 1976, DVBl. 1977, 211.
[161] Vgl. *Baumbach / Lauterbach*, § 890, Anm. 3 D; *Pastor*, Seite 198 ff.; *Stein / Jonas*, § 890, Anm. V.
[162] Vgl. §§ 18, 30 GastG, 19 GastVONW, 3 Abs. 1 OBGNW, 55 Abs. 1 GONW.
[163] Vgl. VGH Mannheim vom 12. 5. 1976, DVBl. 1977, 211.

lassungstitel nach §§ 167 Abs. 1 Satz 1 VwGO, 890 ZPO ergangen ist, nicht gegen den verurteilten Verwaltungsträger, sondern gegen dessen Vertreter im Rechtsstreit vollstreckt wird, richtet sich die Zwangsvollstreckung aus diesem verwaltungsgerichtlichen Beschluß ebenfalls nach § 169 VwGO.

c) Das Zwangsvollstreckungsverfahren nach § 894 ZPO

Ist ein Verwaltungsträger durch ein allgemeines Leistungsurteil zur Abgabe einer Willenserklärung verurteilt worden, so erfolgt die Zwangsvollstreckung aus diesem Urteil nach § 894 ZPO[164].

Danach wird die Abgabe der Willenserklärung nicht mit einem Zwangsmittel erzwungen, sondern sie gilt mit der Rechtskraft des Urteils als abgegeben[165]. Obwohl somit ein eigentliches Zwangsvollstreckungsverfahren nicht durchgeführt wird, ist auch das Urteil auf Abgabe einer Willenserklärung kein Gestaltungsurteil, sondern ein Leistungsurteil. Denn im Gegensatz zu den rechtlichen Wirkungen eines Gestaltungsurteils — etwa den Wirkungen eines Anfechtungsurteils nach § 113 Abs. 1 VwGO — ist die Fiktion des § 894 ZPO keine Urteilswirkung, sondern eine Vollstreckungswirkung[166].

IV. Die Zwangsvollstreckung aus allgemeinen Leistungsurteilen de lege lata und de lege ferenda

Es hat sich gezeigt, daß alle allgemeinen Leistungsurteile gegen Verwaltungsträger, die keine Zahlungsurteile sind, gemäß § 167 Abs. 1 Satz 1 VwGO in entsprechender Anwendung der §§ 888, 890, 894 ZPO vollstreckt werden[1]. Bis auf das in der Praxis kaum vorkommende verwaltungsgerichtliche Urteil auf Abgabe einer rechtsgeschäftlichen Willenserklärung wird die Zwangsvollstreckung aus diesen Urteilen durch Verhängung von Zwangs- und Ordnungsgeldern durchgeführt. Insoweit ähnelt die Zwangsvollstreckung aus allgemeinen Leistungsurteilen gegen Verwaltungsträger der Zwangsvollstreckung aus Verpflichtungsurteilen, sowohl was das konkrete Vollstreckungsverfahren betrifft, als auch hinsichtlich der anwendbaren Zwangsmittel.

---

[164] Vgl. *Friehe*, JZ 1980, 516 (518); *Kopp*, § 172, Rdnr. 10. a. A. *Hoffmann-Becking*, VerwArch. 62, 191 (198), der § 172 VwGO für anwendbar hält.

[165] Vgl. zu dieser Regelung im einzelnen *Baumbach / Lauterbach*, § 894, Anm. 1 ff.; *Schönke / Baur*, § 39, Seite 193 ff.

[166] Vgl. hierzu *Schönke / Baur*, § 39, Seite 193 m. w. N.

[1] Dies gilt natürlich auch für die Zwangsvollstreckung aus einstweiligen Anordnungen gegen Verwaltungsträger, die sich auf eine in der Hauptsache erhobene oder zu erhebende allgemeine Leistungsklage beziehen. Vgl. oben unter B. III. 1. b. aa. aa 1).

IV. Die Zwangsvollstreckung de lege lata und de lege ferenda

Anders als § 172 VwGO bieten jedoch die zivilprozessualen Vollstreckungsnormen die Möglichkeit, im Betrage weitaus gewichtigere Zwangsmittel zu verhängen und das jeweilige Zwangsmittel an dem Vertreter des prozeßunfähigen öffentlich-rechtlichen Vollstreckungsschuldners zu vollziehen. Soweit sich diesbezüglich die Zwangsvollstreckung aus allgemeinen Leistungsurteilen gegen Verwaltungsträger von der Zwangsvollstreckung aus Verpflichtungsurteilen unterscheidet, gewährleistet das bei der Zwangsvollstreckung aus allgemeinen Leistungsurteilen durchzuführende Verfahren eine im Ergebnis wirksamere Zwangsvollstreckung. Daher ist es angebracht, durch eine Änderung des § 172 VwGO hier eine Angleichung des Zwangsvollstreckungsverfahrens zu erreichen. Bei einer solchen Änderung des § 172 VwGO könnte man gleichzeitig auch die Zwangsvollstreckung aus allgemeinen Leistungsurteilen in diese Vorschrift einbeziehen. Damit wären insbesondere die Unklarheiten und Probleme geklärt, die sich bei der entsprechenden Anwendung der zivilprozessualen Vollstreckungsnormen ergeben. Ferner wäre wegen der speziellen Ausgestaltung des konkreten Zwangsvollstreckungsverfahrens ein Rückgriff auf die zivilprozessualen Normen nicht mehr erforderlich[2].

Für eine Novellierung des § 172 VwGO würde sich folgender neuer Wortlaut anbieten:

§ 172 Abs. 1:

Kommt eine Behörde der ihr durch Urteil oder einstweilige Anordnung auferlegten Verpflichtung zum Erlaß eines Verwaltungsaktes nicht nach, so kann das Gericht des ersten Rechtszuges gegen deren Leiter oder verantwortlichen Beamten auf Antrag unter Fristsetzung ein Zwangsgeld androhen, nach fruchtlosem Fristablauf festsetzen und von Amts wegen vollstrecken. Das Zwangsgeld kann wiederholt angedroht, festgesetzt und vollstreckt werden.

§ 172 Abs. 2:

Entsprechendes gilt, wenn eine Behörde der ihr durch Urteil oder einstweilige Anordnung auferlegten Verpflichtung, eine andere Amtshandlung vorzunehmen, nicht nachkommt. Die Vorschrift des § 894 ZPO bleibt unberührt.

§ 172 Abs. 3:

Handelt eine Behörde der Verpflichtung zuwider, die Vornahme eines Verwaltungsaktes oder einer anderen Amtshandlung zu unterlassen oder die Vornahme einer Handlung zu dulden, so ist durch

---

[2] Hierdurch würde jedoch die Generalverweisung in § 167 Abs. 1 Satz 1 VwGO nicht überflüssig, da die allgemeinen Vorschriften des zivilprozessualen Zwangsvollstreckungsrechts weiterhin ergänzend heranzuziehen wären.

das Gericht des ersten Rechtszuges gegen deren Leiter oder verantwortlichen Beamten auf Antrag ein Ordnungsgeld festzusetzen und von Amts wegen zu vollstrecken. Der Festsetzung muß eine entsprechende Androhung vorausgehen, die, wenn sie in dem die Verpflichtung aussprechenden Urteil oder der einstweiligen Anordnung nicht enthalten ist, auf Antrag von dem Gericht des ersten Rechtszuges erlassen wird.

§ 172 Abs. 4:

Das Höchstmaß des Zwangs- oder Ordnungsgeldes ist unbeschränkt. In besonderen Fällen kann das Zwangs- oder Ordnungsgeld auch gegen die Behörde selber angedroht, festgesetzt und vollstreckt werden.

Entgegen diesem Vorschlag hält der durch den Koordinierungsausschuß zur Vereinheitlichung der Verwaltungsgerichtsordnung, der Finanzgerichtsordnung und des Sozialgerichtsgesetzes vorgelegte Entwurf einer Verwaltungsprozeßordnung im Grundsatz an der durch die VwGO vorgenommenen Trennung des Verfahrens zur Zwangsvollstreckung wegen eines Anspruchs auf Erlaß eines Verwaltungsaktes von dem Verfahren zur Zwangsvollstreckung aus den übrigen Leistungstiteln fest.

§ 200 des Entwurfs lautet:

„Kommt die Behörde der Verpflichtung zum Erlaß eines Verwaltungsaktes nicht nach, hat auf Antrag das Gericht des ersten Rechtszuges gegen sie unter Fristsetzung ein Zwangsgeld bis zu 500 000,00 DM (Fünfhunderttausend Deutsche Mark) durch Beschluß anzudrohen, nach fruchtlosem Fristablauf festzusetzen und von Amts wegen zu vollstrecken. Das Zwangsgeld kann wiederholt angedroht, festgesetzt und vollstreckt werden."

Damit hat dieser Entwurf den Nachteil der Regelung in der entsprechenden Vorschrift des geltenden § 172 VwGO übernommen, daß nämlich im Hinblick auf die gewählte Formulierung das zur Zwangsvollstreckung anzuwendende Zwangsmittel nur gegen die zur Leistung verpflichtete Behörde, nicht aber gegen den für das Erbringen der Leistung verantwortlichen Vertreter des verurteilten Verwaltungsträgers gerichtet werden kann. Damit richten sich die in dieser Untersuchung dargelegten Bedenken gegen die Effektivität des Vollstreckungsdrucks des in § 172 VwGO vorgesehenen Verfahrens im gleichen Umfang gegen die durch den Koordinierungsausschuß vorgeschlagene Regelung des § 200 EVwPO. Dies gilt auch unter Berücksichtigung des Umstandes, daß das maximal zulässige Zwangsgeld auf 500 000,00 DM erhöht wurde.

IV. Die Zwangsvollstreckung de lege lata und de lege ferenda

Die Zwangsvollstreckung aus verwaltungsgerichtlichen Vollstreckungstiteln, die nicht auf den Erlaß eines Verwaltungsaktes gerichtet sind, wird in dem durch den Koordinierungsausschuß vorgelegten Entwurf nicht ausdrücklich angesprochen. Insoweit greift die allgemeine Verweisung in § 196 Abs. 1 EVwPO ein, die lautet:

„Für die Vollstreckung gilt das Achte Buch der Zivilprozeßordnung."

Nach Maßgabe dieser Verweisung sind demzufolge — wie auch nach den geltenden Vorschriften der VwGO — bei der Zwangsvollstreckung aus allgemeinen Leistungsurteilen gegen Verwaltungsträger die im Rahmen dieser Untersuchungen dargelegten zivilprozessualen Vollstreckungsnormen heranzuziehen[3]. Demzufolge haben die behandelten Fragen betreffend die Handhabung der zivilprozessualen Vollstreckungsnormen im gleichen Umfang Geltung bei der Zwangsvollstreckung aus allgemeinen Leistungsurteilen unter Zugrundelegung der Vorschriften des durch den Koordinierungsausschuß vorgelegten Entwurfs einer Verwaltungsprozeßordnung[4].

Die vorgeschlagene Regelung des Zwangsvollstreckungsverfahrens in dem durch den Koordinierungsausschuß vorgelegten Entwurf einer Verwaltungsprozeßordnung hat den Nachteil der geltenden Vorschriften für die Zwangsvollstreckung gegen Verwaltungsträger übernommen, daß nämlich die Effektivität des Verfahrens zur zwangsweisen Durchsetzung von Verpflichtungsurteilen im Vergleich zur Zwangsvollstreckung aus allgemeinen Leistungsurteilen in Frage gestellt ist. Diese unterschiedliche Effektivität des Vollstreckungsverfahrens wird bei der in dieser Untersuchung vorgeschlagenen Novellierung des § 172 VwGO vermieden. Da dieser Novellierungsvorschlag darüber hinaus die mit einer Verweisung auf die zivilprozessualen Vollstreckungsnormen verbundenen Zweifelsfragen einer gesetzlichen Lösung zuführt, wird als Alternative zu dem durch den Koordinierungsausschuß vorgelegten Entwurf und auch zu dem durch die Bundesregierung vorgelegten Entwurf einer Verwaltungsprozeßordnung[5] an dem hier unterbreiteten Vorschlag, die Zwangsvollstreckung aus Leistungsurteilen gegen Verwaltungsträger einheitlich und umfassend gesetzlich zu regeln, festgehalten.

---

[3] Ein Unterschied besteht nur darin, daß nach Maßgabe des Entwurfs auch für die Zwangsvollstreckung aus Zahlungsurteilen das Achte Buch der ZPO heranzuziehen ist.

[4] Dies gilt auch für den Gesetzesentwurf der Bundesregierung vom 19. 3. 1982 (BRDrucks. 100/82) der hinsichtlich der vollstreckungsrechtlichen Vorschriften in §§ 180 ff. dem Gesetzesentwurf des Koordinierungsausschusses entspricht.

[5] BRDrucks. 100/82.

C. Zusammenfassung und Ergebnis

I. Mit einer allgemeinen Leistungsklage kann der Bürger die Verurteilung eines Verwaltungsträgers zu einem positiven Tun, Dulden und Unterlassen erreichen. Hat ein Bürger ein solches verwaltungsgerichtliches Urteil gegen einen Verwaltungsträger erwirkt und weigert sich dieser, das Urteil zu erfüllen, so kann der Bürger aus diesem Urteil die Zwangsvollstreckung betreiben.

II. Die Zwangsvollstreckung aus allgemeinen Leistungsurteilen gegen Verwaltungsträger ist in der VwGO nicht abschließend geregelt. Die VwGO trifft in § 170 nur eine Regelung für die Zwangsvollstreckung aus allgemeinen Leistungsurteilen wegen Zahlungsansprüchen. Da weder § 170 VwGO noch § 172 VwGO bei der Zwangsvollstreckung aus anderen allgemeinen Leistungsurteilen gegen einen Verwaltungsträger unmittelbar oder entsprechend anwendbar sind, werden diese verwaltungsgerichtlichen Leistungstitel gemäß § 167 Abs. 1 VwGO unter entsprechender Anwendung der zivilprozessualen Zwangsvollstreckungsnormen vollstreckt. Dies gilt auch für einstweilige Anordnungen, die sich auf eine bereits erhobene oder in der Hauptsache zu erhebende allgemeine Leistungsklage beziehen.

III. Infolge der Sonderstellung des Staates, die dieser als Vollstreckungsschuldner einnimmt, kommen für die Zwangsvollstreckung aus diesen verwaltungsgerichtlichen Leistungstiteln nur die in §§ 888, 890, 894 ZPO geregelten Verfahren zur Anwendung. Soweit ein Verwaltungsträger zu einem positiven Tun verurteilt worden ist, erfolgt die Zwangsvollstreckung nach dem Verfahren des § 888 ZPO. Besteht dieses positive Tun in der Abgabe einer rechtsgeschäftlichen Willenserklärung eines Verwaltungsträgers, so ist § 894 ZPO anwendbar. Soweit ein Verwaltungsträger zu einem Dulden oder Unterlassen verurteilt worden ist, erfolgt die Zwangsvollstreckung nach § 890 ZPO.

IV. Bei der Zwangsvollstreckung gegen Verwaltungsträger nach §§ 888, 890 ZPO kommen als Zwangsmittel nur das Zwangsgeld und das Ordnungsgeld in Betracht. Diese Zwangsmittel werden unmittelbar gegen den Vertreter des verurteilten prozeßunfähigen Verwaltungsträgers vollzogen. Daher richtet sich die Beitreibung eines durch verwaltungsgerichtlichen Beschluß festgesetzten Zwangs- oder Ordnungsgeldes nach § 169 VwGO.

V. De lege ferenda ist es angebracht, auch das Verfahren für die Zwangsvollstreckung aus Verpflichtungsurteilen in § 172 VwGO dahin gehend zu ändern, daß ein nach dieser Vorschrift festgesetztes Zwangsgeld nicht von der verurteilten Behörde, sondern von deren Vertreter im Rechtsstreit bzw. Leiter beigetrieben wird. Aus Gründen des Sachzusammenhanges bietet es sich an, in diesem Fall auch die Zwangsvollstreckung aus allgemeinen Leistungsurteilen gegen Verwaltungsträger in die Regelung des § 172 VwGO einzubeziehen. Daher sind auch die vollstreckungsrechtlichen Vorschriften in §§ 180 ff. EVwPO der Bundesregierung vom 19. 3. 1982 — BRDrucks. 100/82 —, die im wesentlichen an den geltenden vollstreckungsrechtlichen Vorschriften der VwGO festhalten, entsprechend abzuändern.

Schrifttumsverzeichnis

Bachelt, Vittorio: La Protection juridictionelle du particulier contre le pouvoir exécutif en Italie, in: Gerichtsschutz gegen die Exekutive, Band 1, Seite 469, Köln 1969.

Bachof, Otto: Verwaltungsakt und innerdienstliche Weisung, in: Festschrift Laforêt, Seite 285, München 1952, zitiert: Bachhof VA.

— Anmerkung zum Urteil des LVG Schleswig vom 23. 12. 1954, MDR 1955, 570.

— Verfassungsrecht, Verwaltungsrecht, Verfahrensrecht in der Rechtsprechung des Bundesverwaltungsgerichts, Band I, 2. Auflage, Tübingen 1964, Band II, Tübingen 1967, zitiert: Bachof Verfassungsrecht.

— Über einige Entwicklungstendenzen im gegenwärtigen Deutschen Verwaltungsrecht, in: Staatsbürger und Staatsgewalt, Band II, Seite 3, Karlsruhe 1963, zitiert: Bachof Tendenzen.

— Die verwaltungsgerichtliche Klage auf Vornahme einer Amtshandlung, 2. Auflage, Tübingen 1968, zitiert: Bachof Klage.

— Die Dogmatik des Verwaltungsrechts vor den Gegenwartsaufgaben der Verwaltung, VVDStRL 30, 193.

Backhaus, Ralph: Anmerkung zum Urteil des VGH Mannheim vom 30. 4. 1980, DVBl. 1981, 266.

Bahls, Dietrich: Anmerkung zum Urteil des BVerwG vom 13. 3. 1970, DVBl. 1971, 275.

von Barby, Hanno: Verwaltungsgerichtliche Klagen auf Rechtsetzung, Diss. jur. Köln 1973.

Baumbach, Adolf / *Lauterbach*, Wolfgang / *Albers*, Jan / *Hartmann*, Peter: Zivilprozeßordnung, 40. Auflage, München 1981, zitiert: Baumbach / Lauterbach.

Belemann, Gerd Dieter: Anmerkung zum Urteil des OVG Münster vom 9. 5. 1978, DÖV 1979, 684.

Benke, Eike Dieter: „Aktenzeichen XY ungelöst" — OLG München NJW 1970, 1745 und OLG Frankfurt NJW 1971, 47, JuS 1972, 257.

Bethge, Herbert: Rechtswegprobleme des öffentlich-rechtlich strukturierten Rundfunks, VerwArch. 63, 152.

— Zweigleisigkeit des Rechtsweges bei der Benutzung kommunaler öffentlicher Einrichtungen, SKV 1972, 123.

— Anmerkung zum Urteil des OLG Köln vom 9. 1. 1973, NJW 1973, 1508.

— Grundfragen innerorganisationsrechtlichen Rechtsschutzes, DVBl. 1980, 309.

Bettermann, Karl August: Anmerkung zum Urteil des OLG Köln vom 19. 11. 1951, DVBl. 1952, 312.

— Verwaltungsakt und Richterspruch in: Gedächtnisschrift für W. Jellinek, Seite 361, München 1955, zitiert: Bettermann VA.

— Zur Lehre vom Folgenbeseitigungsanspruch, DÖV 1955, 528.

— Der Schutz der Grundrechte in der ordentlichen Gerichtsbarkeit, in: Bettermann / Nipperdey / Scheuner, Die Grundrechte, 3. Band, 2. Halbband, Seite 779, Berlin 1959, zitiert: Bettermann Grundrechte.

— Anmerkung zum Urteil des BSG vom 17. 7. 1958, NJW 1959, 66.

— Die Verpflichtungsklage nach der Bundesverwaltungsgerichtsordnung, NJW 1960, 649.

— Anmerkung zum Urteil des VG Köln vom 24. 9. 1964, DVBl. 1965, 886.

— Anmerkung zum Urteil des OVG Lüneburg vom 17. 3. 1967, DVBl. 1969, 120.

— Anmerkung zum Beschluß des Bundesverfassungsgerichts vom 11. 10. 1966, NJW 1967, 435.

— Anmerkung zum Urteil des BVerwG vom 25. 2. 1969, DVBl. 1969, 703.

— Vorbeugender Rechtsschutz in der Verwaltungsgerichtsbarkeit, in: Zehn Jahre Verwaltungsgerichtsordnung, Schriftenreihe Hochschule Speyer, Band 45, Seite 185, Berlin 1970, zitiert: Bettermann Rechtsschutz.

— Vom Rechtsschutz und Rechtsweg des Bürgers gegen Rundfunk-Rufmord, NJW 1977, 513.

Bleutge, Rolf: Der Kommunalverfassungsstreit, Berlin 1970.

Blümel, Willi: Raumordnung und kommunale Selbstverwaltung, DVBl. 1973, 436.

Bonner Kommentar zum Grundgesetz, Loseblattsammlung (zitiert wird der jeweilige Bearbeiter).

Bosse, Wolfgang: Der subordinationsrechtliche Vertrag als Handlungsform öffentlicher Verwaltung, Berlin 1974.

Bradley, A. W.: Judical Protection of the individual against the Executive in Great Britain, in: Gerichtsschutz gegen die Exekutive, Band 1, Seite 327, Köln 1969.

Bräutigam, Horst: Verwaltungsrechtsweg und Klagearten, DÖV 1960, 364.

Brehm, Wolfgang: Die Zwangsvollstreckung nach §§ 888, 890 n. F., NJW 1975, 249.

Brohm, Winfried: Die Dogmatik des Verwaltungsrechts vor den Gegenwartsaufgaben der Verwaltung, VVDStRL 30, 245.

Brück, F.: Verwaltungsrecht und Prozeßrecht, NJW 1960, 2271.

Brückler, Karl Otto: Rechtsweg bei der Verletzung öffentlich-rechtlicher Verträge, DRiZ 1964, 372.

Bullinger, Martin: Der Gerichtsschutz gegenüber der vollziehenden Gewalt in rechtsvergleichender Sicht, in: Gerichtsschutz gegen die Exekutive, Band 3, Seite 199, Köln 1971.

Buri, Eugen: Die große Vereinfachung, DÖV 1970, 689.

— Rechtsweg bei Rechtsverletzungen durch Sendungen der öffentlich-rechtlichen Rundfunkanstalten, NJW 1972, 705.

Czermak, Fritz: Anfechtungs- und Verpflichtungsklage nach der Verwaltungsgerichtsordnung, NJW 1962, 776.
— Anmerkung zum Urteil des VGH Kassel vom 19. 7. 1961, NJW 1962, 632.
— Schul- und Prüfungsentscheidungen vor den Verwaltungsgerichten, DÖV 1962, 921.
— Anmerkung zum Urteil des VG Wiesbaden vom 20. 6. 1963, NJW 1964, 939.
— Verwaltungsgerichtsbarkeit und Gewaltenteilung, DÖV 1967, 673.

Dagtoglou, Prodromos: Die Zwangsvollstreckung gegen den Fiskus, die Gemeinde und die sonstigen juristischen Personen des öffentlichen Rechts, VerwArch. 50, 165.
— Anmerkung zum Urteil des VGH Kassel vom 23. 7. 1964, JZ 1965, 320.

Dapprich, Gerhard: Das sozialgerichtliche Verfahren, Köln 1959.

Dierkes, Johannes / *Kleinsorg*, Franz-Josef: Kommentar der westlichen Städteordnung Preußens, Saarbrücken 1937.

Ehrig, H. G.: Die Krise der Verwaltungsgerichtsbarkeit, NJW 1961, 196.

Eichenberger, Kurt: Der gerichtliche Rechtsschutz des einzelnen gegenüber der vollziehenden Gewalt in der Schweiz, in: Gerichtsschutz gegen die Exekutive, Band 2, Seite 943, Köln 1970.

Entwurf einer Verwaltungsprozeßordnung, vorgelegt vom Koordinierungsausschuß zur Vereinheitlichung der Verwaltungsgerichtsordnung, der Finanzgerichtsordnung und des Sozialgerichtsgesetzes, Köln 1978, zitiert Entwurf VwPO.

Erichsen, Hans-Uwe: Zur Haftung der Bundespost, DÖV 1965, 158.
— Rechtsfragen öffentlich-rechtlicher Folgenbeseitigung, VerwArch. 63, 217.
— Grundrechtseingriffe im besonderen Gewaltverhältnis, VerwArch. 63, 441.
— Besonderes Gewaltverhältnis und Sonderverordnung, in: Festschrift für Hans J. Wolff, Seite 219, München 1973, zitiert: Erichsen, Festschrift Wolff.
— Der gerichtliche Geschäftsverteilungsplan — Rechtsnatur und Rechtsschutz — Normenkontrolle durch Feststellungsklage, HRR VwR 1977, F 1 + 6.
— Verwaltungsrecht und Verwaltungsgerichtsbarkeit, München 1977, zitiert: Erichsen VerwR.

Erichsen, Hans-Uwe / *Hoffmann-Becking*, Michael: Das Handelskammerrundschreiben, JuS 1971, 144.

Erichsen, Hans-Uwe / *Martens*, Wolfgang: Das Verwaltungshandeln, in: Erichsen / Martens, Allgemeines Verwaltungsrecht, 5. Auflage, Berlin 1981.

Evers, Hans-Ulrich: Anmerkung zum Urteil des BayVGH vom 11. 3. 1964, DVBl. 1965, 449.
— Anmerkung zum Urteil des BVerwG vom 9. 2. 1966, DVBl. 1966, 602.
— Verwaltungsrechtsweg und Aufnahme in eine anerkannte Privatschule, JuS 1967, 257.

Eyermann, Erich / *Fröhler*, Ludwig: Verwaltungsgerichtsordnung, 8. Auflage, München 1980.

Falla, Fernando: Der gerichtliche Rechtsschutz des einzelnen gegenüber der vollziehenden Gewalt in Spanien, in: Gerichtsschutz gegen die Exekutive, Band 2, Seite 989, Köln 1970.

Fette, Günter: Rechtsweg bei Rechtsverletzungen durch Sendungen der öffentlich-rechtlichen Rundfunkanstalten, NJW 1971, 2210.

Fichtmüller, Carl: Die Flugunfalluntersuchung, Diss. jur. Göttingen 1965.

Fleiner, Fritz: Institutionen des Deutschen Verwaltungsrechts, 2. Neudruck der 8. Auflage, Tübingen 1928, Aalen 1963.

Flume, Werner: Allgemeiner Teil des Bürgerlichen Rechts, 3. Auflage, Berlin 1979.

Foerster, German: Wann darf die Verwaltungsbehörde Akteneinsicht verweigern?, SKV 1970, 10.

Folger, Wolf: Abgrenzung der Anwendungsbereiche der Leistungsklagen in der VwGO, Diss. jur. Mannheim 1970.

Folz, Hans-Ernst: Polizeiliche Zuständigkeit und kollidierende Kompetenzen anderer Hoheitsträger, JuS 1965, 41.

Forsthoff, Ernst: Lehrbuch des Verwaltungsrechts, 10. Auflage, München 1974.

Forsthoff, Ernst / *Simons,* Tula: Die Zwangsvollstreckung gegen Rechtssubjekte des öffentlichen Rechts, Berlin 1931.

Friauf, Karl Heinrich: Polizei- und Ordnungsrecht, in: Ingo von Münch, Besonderes Verwaltungsrecht, 5. Auflage, Berlin 1979.

Friehe, Heinz-Josef: Die Klage auf Abschluß eines subordinationsrechtlichen Verwaltungsvertrages, JZ 1980, 516.

Froment, Michel: La protection juridictionelle du particulier contre le pouvoir exécutif en France, in: Gerichtsschutz gegen die Exekutive, Band 1, Seite 221, Köln 1969.

Frotscher, Werner: Rechtsschutz nur gegen Verwaltungsakte? DÖV 1971, 259.

Fujita, Tokiaysus / *Ogawa,* Ichiro: Der gerichtliche Rechtsschutz des einzelnen gegenüber der vollziehenden Gewalt in Japan, in: Gerichtsschutz gegen die Exekutive, Band 1, Seite 511, Köln 1969.

Geiger, Helmut: Kosten und Vollstreckung nach der Verwaltungsgerichtsordnung, MDR 1960, 884.

Genzmer, Felix: Die Verwaltungsgerichtsbarkeit, in: Handbuch des Deutschen Staatsrechts, 2. Band, Seite 506 ff., Tübingen 1932.

Götz, Volkmar: Die Verzinsung öffentlich-rechtlicher Geldforderungen, DVBl. 1961, 433.

Hamann, Andreas: Anmerkung zu den Urteilen des OLG München vom 28. 10. 1955 und des OLG München vom 25. 4. 1956, NJW 1957, 793.

Hamann, Andreas / *Lenz,* Helmut: Das Grundgesetz für die Bundesrepublik Deutschland vom 23. Mai 1949, 3. Auflage, Neuwied 1970.

Hans: Die Vollstreckung von verpflichtenden verwaltungsgerichtlichen Urteilen im Bereich des früheren preussischen Rechts, DVBl. 1956, 856. 856.

Hantke, Gottfried: Die öffentlich-rechtliche Beseitigungsklage, Diss. jur. Hamburg 1966.

Haueisen, Fritz: Der Wandel in der Beurteilung fehlerhafter Verwaltungsakte, DVBl. 1960, 912.

— Verwaltung und Bürger, DVBl. 1961, 833.
— Der Verwaltungsakt im Lichte neuer Überlegungen, DÖV 1961, 121.
— Die Bedeutung von Zusagen im Verwaltungsrecht, NJW 1961, 1901.
— Akteneinsicht im Verwaltungsverfahren, NJW 1967, 2291.

Haug, Winfried: Die neuere Entwicklung der vorbeugenden Unterlassungs- und der allgemeinen Beseitigungsklage, DÖV 1967, 86.

Hegel, Hermann: Die Unterbringung Obdachloser in privaten Räumen, Verwaltung und Wirtschaft, Heft 29, Stuttgart 1963, zitiert: Hegel, Unterbringung.

— Kann mit der Verpflichtungsklage auch die Verurteilung zur Vornahme einer sonstigen Amtshandlung begehrt werden?, JZ 1963, 15.
— Zur Verpflichtungs- und zur Leistungsklage in der VwGO, DÖV 1965, 413.

Helle, Ernst: Das Urteil auf Widerruf einer verletzenden Behauptung und seine Vollstreckung, NJW 1963, 129.

Hellwig, Konrad: System des deutschen Zivilprozeßrechtes, Teil 2, Neudruck der Ausgabe Leipzig 1912, Aalen 1968.

Henke, Wilhelm: Das subjektive öffentliche Recht, Tübingen 1968.

Henrichs, Wilhelm: Kommunalverfassungsstreitverfahren vor den Verwaltungsgerichten, DVBl. 1959, 548.

Hofacker: Verhältnis der Exekutivstrafen zu den Kriminalstrafen nach dem geltenden Rechte, VerwArch. 14, 447.

Hoffmann, Michael: Der Abwehranspruch gegen hoheitliche Realakte, Berlin 1969.

Holland, Ralf: Die Leistungsklage im Verwaltungsprozeß, Diss. jur. Göttingen, 1964, zitiert: Holland, Klage.

— Die Leistungsklage im Verwaltungsprozeß, DÖV 1965, 410.
— Verwaltungsrechtsschutz gegenüber erkennungsdienstlichen Maßnahmen der Kriminalpolizei, JuS 1968, 559.
— Verwaltungsrechtsschutz im Schulverhältnis, DVBl. 1968, 245.
— Religionsneutralität des Staates und christliche Morgenandachten an Staatsschulen, JuS 1971, 632.

Hoppe, Werner: Organstreitigkeiten und organisationsrechtliche subjektiv-öffentliche Rechte, DVBl. 1970, 845.

— Organstreitigkeiten vor den Verwaltungs- und Sozialgerichten, Siegburg 1970.

Ipsen, Hans Peter: Anmerkung zum Beschluß des OVG Hamburg vom 26. 3. 1949, MDR 1949, 507.

Janson, Bernd: Verwaltungsrechtliches Schuldverhältnis, Verwaltungsverfahrensgesetz und Reform der Staatshaftung, DÖV 1979, 696.

Jellinek, Walter: Verwaltungsrecht, 3. Auflage, Offenburg 1948.

Jülich, Christian: Anmerkung zum Urteil des OVG Münster vom 26. 6. 1968, DVBl. 1968, 846.

Jung, Hans: Akteneinsicht- und Informationsrechte des Bürgers, Diss. jur. Berlin 1970.

Just, Dieter: Die vorläufige Vollstreckbarkeit verwaltungsgerichtlicher Urteile, Diss. jur. Würzburg 1967.

Kellner, Hugo: Zum gerichtlichen Rechtsschutz im besonderen Gewaltverhältnis, DÖV 1963, 418.

— Besinnung auf die Anfechtungsklage, MDR 1968, 965.

Kiepe, Folkert: Entwicklungen beim besonderen Gewaltverhältnis und beim Vorbehalt des Gesetzes, DÖV 1979, 399.

Kiock, Wolfgang: Die Kommunalverfassungsstreitigkeiten und ihre Eingliederung in die Verwaltungsgerichtsordnung, Diss. jur. Köln 1972.

Klein, Friedrich: Tragweite der Generalklausel in Art. 19 Abs. 4 des Bonner Grundgesetzes, VVDStRL 8, 67.

Klein, Karl Heinz: Anmerkung zum Urteil des OLG Köln vom 19. 11. 1951, DÖV 1952, 285.

— Gutachten und Urteil im Verwaltungsprozeß, Berlin 1967.

Klinger, Hans: Verwaltungsgerichtsordnung, 2. Auflage, Göttingen 1964.

König, Peter: Rechtsschutz gegen dienstliche Beurteilungen, BayVBl. 1971, 44.

Kopp, Ferdinand: Verwaltungsgerichtsordnung, 5. Auflage, München 1981.

Kratzer, Jakob: Parlamentsbeschlüsse, ihre Wirkung und Überprüfung, BayVBl. 1966, 365.

Krause, Peter: Rechtsformen des Verwaltungshandelns, Berlin 1974.

Krebs, Walter: Rechtsprobleme des Kommunalverfassungsstreits, HRR VwR 1977, F 5—7, D 4.

Lässig, Curt-Lutz: Anmerkung zum Urteil des BFH vom 25. 7. 1978, DVBl. 1979, 561.

Lehmann, Heinrich / *Hübner*, Heinz: Allgemeiner Teil des Bürgerlichen Gesetzbuches, 15. Auflage, Berlin 1966.

Lehmhöfer, Bernt: Anmerkung zum Urteil des VG Braunschweig vom 13. 6. 1968, DVBl. 1969, 85.

Leibholz, Gerhard / *Rinck*, Hans-Justus: Grundgesetz für die Bundesrepublik Deutschland, 6. Auflage, Köln ab 1979.

Lerche, Peter: Anmerkung zum Urteil des BVerwG vom 6. 5. 1960, JZ 1961, 708.

— Die verwaltungsgerichtliche Klage aus öffentlich-rechtlichen Verträgen, in: Staatsbürger und Staatsgewalt, Band II, Seite 59, Karlsruhe 1963.

Löhr, Rolf-Peter: Gerichtliche Rechtsschutzmöglichkeiten der Gemeinden gegen Regionalpläne, DVBl. 1980, 13.

Loppuch: Die verwaltungsgerichtliche Klage wegen Nichtvornahme von Verwaltungsakten, NJW 1953, 9.

Lorenz, Dieter: Fernsehfahndung und öffentliche Gewalt, BayVBl. 1971, 52.

Maetzel, Wolf: Die verwaltungsgerichtliche Anfechtung von Ablehnungsbescheiden, DÖV 1955, 397.

— Bemerkungen zum vorbeugenden Rechtsschutz gegen künftige Verwaltungsakte, DVBl. 1974, 335.

von Mangoldt, Hermann / *Klein*, Franz: Das Bonner Grundgesetz, 2. Auflage, Berlin 1966.

Martens, Joachim: Zur Begriffsbestimmung des Verwaltungsaktes, DVBl. 1968, 323.

— Die Klagearten im Verwaltungsprozeß, DÖV 1970, 476.

Martens, Wolfgang: Zum Rechtsanspruch auf polizeiliches Handeln, JuS 1962, 245.

— Öffentlich-rechtliche Probleme des negatorischen Rechtsschutzes gegen Immissionen, in: Hamburger Festschrift für Friedrich Schack, Seite 85, Hamburg 1966, zitiert: Martens, Immissionen.

— Anmerkung zum Urteil des BGH vom 17. 11. 1967, DVBl. 1968, 150.

— Negatorischer Rechtsschutz im öffentlichen Recht, Materialien zum öffentlichen Recht, Heft 7, Stuttgart 1973, zitiert: Martens, Rechtsschutz.

Maunz, Theodor / *Dürig*, Günter / *Herzog*, Roman: Grundgesetz, 5. Auflage, München 1980, zitiert: Maunz / Dürig.

Mayer, Franz: Bayerische Verfassung, in: Mang / Maunz / Mayer / Obermayer, Staats- und Verwaltungsrecht in Bayern, 3. Auflage, München 1968, zitiert: F. Mayer.

— Rechtsfragen der Dienstpostenbewertung, DVBl. 1970, 651.

Mayer, Otto: Deutsches Verwaltungsrecht, 3. Auflage, München 1924.

Memmert, Günter: Der öffentlich-rechtliche Abwehranspruch gegen Immissionen der öffentlichen Hand, Diss. jur. Erlangen — Nürnberg 1970.

Menger, Christian Friedrich: Über die Identität des Rechtsgrundes der Staatshaftungsklagen und einiger Verwaltungsstreitsachen, in: Gedächtnisschrift W. Jellinek, Seite 347 ff., München 1955, zitiert: Menger, Identität

— Rechtsschutz, Verwaltung und Verwaltungsgerichtsbarkeit, DÖV 1955, 587.

— Der Schutz der Grundrechte in der Verwaltungsgerichtsbarkeit, in: Bettermann / Nipperdey / Scheuner, Die Grundrechte, 3. Band, 2. Halbband, Seite 717, Berlin 1959, zitiert: Menger, Grundrechte.

— Höchstrichterliche Rechtsprechung zum Verwaltungsrecht, VerwArch. Band 48 bis VerwArch. Band 56.
Ab VerwArch. Band 56, 278 bis VerwArch. Band 61: Menger / Erichsen. zitiert: Menger, VerwArch.
Ab VerwArch. Band 62: Menger / Erichsen / Hoffmann-Becking / von Mutius, Ab VerwArch. Band 62 wird der jeweilige Verfasser zitiert.

— Probleme des verwaltungsgerichtlichen Rechtsschutzes bei der Umsetzung eines Beamten, HRR VwR 1977, D 7, C 3, F 6.

— Zur Rechtsnatur und verwaltungsgerichtlichen Überprüfbarkeit beamtenrechtlicher Umsetzungen, VerwArch. 72, 149.

Meyer-Hentschel, Karl: Das Auskunftsrecht des Bürgers und seine Durchsetzbarkeit im Prozeß, SKV 1970, 8.

Miedtank, Werner: Die Zwangsvollstreckung gegen Bund, Länder, Gemeinden und andere juristische Personen des öffentlichen Rechts, Diss. jur. Göttingen 1964.

Mörtel, Georg: Auswirkungen der veränderten Generalklausel auf Verwaltung und Verwaltungsrechtsprechung, Wandlungen der rechtsstaatlichen Verwaltung, in: Schriftenreihe Hochschule Speyer, Band 13, Seite 137, Berlin 1962, zitiert: Mörtel, Wandlungen.

Müller, Wilfried: Beseitigungs- und Unterlassungsansprüche im Verwaltungsrecht, Diss. jur. Göttingen 1967.

Müller-Volbehr, Georg: Rechtsschutz gegen verwaltungsinterne Weisungen mit Drittwirkung DVBl. 1976, 57.

von Münch, Ingo: Verwaltung und Verwaltungsrecht im demokratischen und sozialen Rechtsstaat, in Erichsen / Martens, Allgemeines Verwaltungsrecht, 5. Auflage, Berlin 1981.
— Die photographierenden Verfassungsschützer, JuS 1965, 404.

von Mutius, Albert: Zur „Subsidiarität" der Feststellungsklage, VerwArch. 63, 229.
— Zum „politischen Mandat" der Studentenschaften, HRR VwR 1972, D 8.
— Rechtsnorm und Verwaltungsakt, in: Festschrift für Hans J. Wolff, Seite 167, München 1973, zitiert: von Mutius, Festschrift Wolff.
— Zur verfassungsrechtlichen Zulässigkeit des kommunalen Vertretungsverbots, HRR VwR 1977, D 4, A 2.
— Zum „Suspensiveffekt unzulässiger Rechtsbehelfe", HRR VwR 1975, F 8.
— Zum persönlichen Geltungsbereich des Petitionsrechtes, VerwArch. 70, 165.

Naumann, Richard: Streitigkeiten des öffentlichen Rechts, in: Staatsbürger und Staatsgewalt, Band II, Seite 365, Karlsruhe 1963, zitiert: Naumann, Streitigkeiten.
— Zum vorbeugenden Rechtsschutz im Verwaltungsprozeß, in: Gedächtnisschrift W. Jellinek, Seite 391, München 1955, zitiert: Naumann, Rechtsschutz.

Obermayer, Klaus: Verwaltungsakt und innerdienstlicher Rechtsakt, Stuttgart 1956, zitiert: Obermayer VA.
— Allgemeines Verwaltungsrecht, Verwaltungsprozeßrecht, in: Mang / Maunz / Mayer / Obermayer, Staats- und Verwaltungsrecht in Bayern, 4. Auflage, München 1975, zitiert: Obermayer, Verwaltungsrecht — Obermayer, Prozeßrecht.
— Der Verwaltungsakt als Gegenstand von Zusagen und Rechtsauskünften, NJW 1962, 1465.
— Verfassungsrechtliche Aspekte der verwaltungsgerichtlichen Normenkontrolle, DVBl. 1965, 625.
— Die verwaltungsgerichtliche Normenkontrolle, in: Zehn Jahre Verwaltungsgerichtsordnung, Schriftenreihe Hochschule Speyer, Band 45, Seite 142, Berlin 1970, zitiert: Obermayer, Schriftenreihe Speyer.

Ossenbühl, Fritz: Ministerialerlasse als Gegenstand der verwaltungsgerichtlichen Normenkontrolle, DVBl. 1969, 526.

Paetzold, Hartmut: Der Rechtsschutz im besonderen Gewaltverhältnis, DVBl. 1974, 454.

Palandt: Bürgerliches Gesetzbuch, 40. Auflage, München 1981.

Pastor, Wilhelm: Die Unterlassungsvollstreckung nach § 890 ZPO, 2. Auflage, Köln 1976.

Perschel, Wolfgang: Der geheime Behördeninformant, JuS 1966, 231.

Peters, Hans: Lehrbuch der Verwaltung, Berlin 1949.

Pipkorn, Jörn: Auskunftspflichten der daseinsvorsorgenden Verwaltungsbehörden, Diss. jur. München 1968.

Platz, Karlheinz: Die Zwangsvollstreckung verwaltungsgerichtlicher Urteile, Diss. jur. Mainz 1958.

Preuss, Ulrich: Das politische Mandat der Studentenschaft, Frankfurt 1969.

Püttner, Günter: Allgemeines Verwaltungsrecht, 3. Auflage, 1975.

— Die Einwirkungspflicht, DVBl. 1975, 353.

Rabeneck, Hartmut: Vorbeugender Verwaltungsrechtsschutz, Diss. jur. München 1968.

Rautenberg, Joachim / *Voigt,* Helmut: Probleme der sogenannten allgemeinen Leistungsklage, DÖV 1964, 259.

Redeker, Konrad / *von Oertzen,* Hans Joachim: Verwaltungsgerichtsordnung, 7. Auflage, Stuttgart 1981.

Rehmert, Fritz: Zur Frage der „anderen Streitigkeiten des öffentlichen Rechts", DÖV 1958, 251.

Reifenrath, Gerhard: Auskünfte und Zusagen im System des Verwaltungshandelns, Diss. jur. Köln 1967.

Renck, Ludwig: Verwaltungsakt und Gesetzesvorbehalt, JuS 1965, 129.

— Verwaltungsgerichtlicher Rechtsschutz gegen Rechtsnormen, JuS 1966, 273.

— Verwaltungsakt und Feststellungsklage, JuS 1970, 113.

— Hat der Verwaltungsakt im verwaltungsgerichtlichen Verfahren noch eine Bedeutung?, BayVBl. 1973, 365.

Renck Laufke, Martha: Zur verwaltungsgerichtlichen Überprüfung kommunalverfassungsrechtlicher Akte, BayVBl. 1971, 17.

Reuss, Wilhelm: Anmerkung zum Urteil des BVerwG vom 25. 2. 1969, JR 1969, 274.

Rinsche, Franz Josef: Anmerkung zum Urteil des VG Karlsruhe vom 15. 12. 1964, NJW 1965, 1933.

Rönnebeck, Georg: Klageformen im Bereich der verwaltungsgerichtlichen Leistungsklagen, Diss. jur. München 1968.

Rötelmann, Wilhelm: Persönlichkeitsrechte, insbesondere der Widerruf ehrenrühriger Behauptungen, NJW 1971, 1636.

Rosenberg, Leo / *Schwab,* Karl Heinz: Zivilprozeßrecht, 31. Auflage, München 1981.

Rüfner, Wolfgang: Die Rechtsformen der sozialen Sicherung und das allgemeine Verwaltungsrecht, VVDStRL 28, 187.

— Das Recht der öffentlich-rechtlichen Schadensersatz- und Entschädigungsleistungen, in: Erichsen-Martens, Allgemeines Verwaltungsrecht, 5. Auflage, Berlin 1981.

Rupp, Hans Heinrich: Anmerkung zum Urteil des OVG Münster vom 18. 12. 1957, JZ 1958, 754.

— Zur neuen Verwaltungsgerichtsordnung: Gelöste und ungelöste Probleme, AÖR 85, 149, 301.
— Grundfragen der heutigen Verwaltungsrechtslehre, Tübingen 1965, zitiert: Rupp, Grundfragen.
— Zur verwaltungsgerichtlichen Anfechtung einzelner Zeugnisnoten, DÖV 1976, 90.

Schade, Werner: Die actio (quasi) negatoria im öffentlichen Recht, Diss. jur. Bochum 1969.

Schäfer, Alfred / *Bonk*, Heinz Joachim: Staatshaftungsgesetz, München 1982.

Schäfer, Walter: Die Klagearten nach der VwGO, DVBl. 1960, 837.

Schenke, Wolf-Rüdiger: Vorbeugende Unterlassungs- und Feststellungsklage im Verwaltungsprozeß, AÖR 95, 223.

Scherer, Gerhard: Die Durchsetzung von Verwaltungsgerichtsurteilen gegenüber einer widerstrebenden Behörde, Diss. jur. Heidelberg 1949.

Schick, Walter: Anmerkung zum Urteil des BVerwG vom 18. 4. 1969, JZ 1970, 139.

Schlichter, Otto: Klageformen bei der verwaltungsgerichtlichen Durchsetzung von Subventionsansprüchen, DVBl. 1966, 738.

Schmidt, Torsten G.: Anmerkung zum Urteil des OVG München vom 14. 5. 1970, NJW 1970, 2027.

Schmidt-Bleibtreu, Bruno / *Klein*, Franz: Kommentar zum Grundgesetz für die Bundesrepublik Deutschland, 5. Auflage, Bonn 1980.

Schmitz, Wolfgang: Nochmals: Verfahrensart bei Klagen gegen innerdienstliche Maßnahmen der Polizei, NJW 1968, 1128.

Schönke, Adolf / *Baur*, Fritz: Zwangsvollstreckungs- und Konkursrecht, 10. Auflage, Heidelberg 1978.

Schoenthal, Donald: Die Stellung gesetzlicher Vertreter des Schuldners im Verfahren nach §§ 888, 890 ZPO, Diss. jur. Freiburg 1972.

Scholz, Rupert: Zur Polizeipflicht von Hoheitsträgern, DVBl. 1968, 732.

Schrödter, Hans: Die verwaltungsgerichtliche Entscheidung, 2. Auflage, Düsseldorf 1965.

Schultzenstein, M.: Zwangsvollstreckung zur Erwirkung von Handlungen oder Unterlassungen und Prozeßfähigkeit, ZZP 35, 475.

Schunck, Egon / *De Clerck*, Hans: Verwaltungsgerichtsordnung, 3. Auflage, Siegburg 1977.

Schweickhardt, Rolf: Der Verwaltungsakt als Anknüpfungspunkt im Verwaltungsprozeß, DÖV 1965, 795.

Schwerdtfeger, Gunther: Die öffentlich-rechtliche Fallbearbeitung, Schriftenreihe der Juristischen Schulung, Heft 5, 2. Auflage, München 1973.

Selb, Dieter: Schulstrafe „Androhung der Ausweisung" und Zulässigkeit der verwaltungsgerichtlichen Anfechtungsklage, DÖV 1965, 804.

Selmer, Peter: Verwaltungsrechtsschutz in den besonderen Gewaltverhältnissen, DÖV 1968, 342.

Simons, Lothar: Leistungsstörungen verwaltungsrechtlicher Schuldverhältnisse, Diss. jur. Münster 1967.

Stahl, Rainer: Die Zulässigkeit der Feststellungsklage im Kommunalverfassungsstreit, NJW 1972, 2030.

Starck, Christian: Die Rechte der Ratsfraktionen bei den Haushaltsberatungen, DVBl. 1979, 495.

Stein, Friedrich / *Jonas*, Martin / *Schönke*, Adolf / *Pohle*, Rudolf: Kommentar zur Zivilprozeßordnung, 19. Auflage, Tübingen 1967, zitiert: Stein / Jonas.

Stern, Klaus: Schlichte Verwaltungsäußerungen, BayVBl. 1957, 44, 86.

— Anmerkung zum Urteil des BVerwG vom 7. 11. 1957, NJW 1958, 683.

— Verwaltungsprozessuale Probleme in der öffentlich-rechtlichen Klausur, Schriftenreihe der Juristischen Schulung, Heft 3, 5. Auflage, München 1981, zitiert: Stern, Probleme.

Stich, Rudolf: Das Verwaltungshandeln, JuS 1964, 333, 381.

Thieme, Werner: Zur Systematik verwaltungsrechtlicher Handlungsformen, in: Hamburger Festschrift für Friedrich Schack, Seite 157, Hamburg 1966,

Thomas, Ernst Günther: Die Vollstreckung verwaltungsgerichtlicher Entscheidungen, BayVBl. 1967, 335.

Thomas, Heinz / *Putzo*, Hans: Zivilprozeßordnung, 10. Auflage, München 1978.

Thomas, Jürgen: Verfahrensart bei Klagen gegen innerdienstliche Maßnahmen der Polizei, NJW 1968, 438.

Tietgen: Das verwaltungsprozessuale Rechtsschutzbedürfnis im Hinblick auf zivilgerichtlich verfolgbare Ersatzleistungsansprüche, DVBl. 1960, 261.

Tsatsos, Themistokles: Der gerichtliche Rechtsschutz des einzelnen gegenüber der vollziehenden Gewalt in Griechenland, in: Gerichtsschutz gegen die Exekutive, Band 1, Seite 277, Köln 1969.

Tschira, Oskar / *Schmitt-Glaeser*, Walter: Verwaltungsprozeßrecht, 4. Auflage, Stuttgart 1980.

Ule, Carl Hermann: Die Lehre vom Verwaltungsakt im Lichte der Generalklausel, in: Recht — Staat — Wirtschaft, 3. Band, Seite 260, Düsseldorf 1951, zitiert: Ule, VA.

— Das besondere Gewaltverhältnis, VVDStRL 15, 133.

— Verfassungsrecht und Verwaltungsprozeßrecht, DVBl. 1959, 537.

— Anmerkung zum Urteil des BVerwG vom 17. 4. 1959, DVBl. 1959, 583.

— Verwaltungsgerichtsbarkeit, in: von Brauchitsch, Verwaltungsgesetze des Bundes und der Länder, Band 1, 2. Halbband, 2. Auflage, Köln 1960, zitiert: Ule, Verwaltungsgerichtsbarkeit.

— Anmerkung zum Urteil des VGH Wiesbaden vom 20. 6. 1963 und zum Urteil des VG Berlin vom 18. 4. 1963, NJW 1964, 939.

— Beamtenrecht, Köln 1970, zitiert: Ule, Beamtenrecht.

— Die Bedeutung der Verwaltungsgerichtsbarkeit in der rechtsstaatlichen Demokratie, in: Zehn Jahre Verwaltungsgerichtsordnung, Schriftenreihe Hochschule Speyer, Band 45, Seite 20, Berlin 1970, zitiert: Ule, Schriftenreihe Speyer.

— Vorbeugender Rechtsschutz im Verwaltungsprozeß, VerwArch. 65, 291 ff.
— Verwaltungsprozeßrecht, 7. Auflage, München 1978, zitiert: Ule, Prozeßrecht.

Ule, Carl Hermann / *Fittschen,* D.: Anmerkung zum Urteil des BGH vom 18. 3. 1964, JZ 1965, 315.

Vehse, Wolfgang: Anmerkung zum Urteil des OVG Münster vom 15. 11. 1974, DÖV 1975, 754.

Velu, Jacques: La protection juridictionelle du particulier contre le pouvoir exécutif en Belgique, in: Gerichtsschutz gegen die Exekutive, Band 1, Seite 55, Köln 1969.

Verhandlungen des 44. Deutschen Juristentages, Band II, Sitzungsberichte, 2. Abteilung, Tübingen 1964, zitiert: Verhandlungen DJT.

Wagner, Wolfgang: Die Polizeipflicht von Hoheitsträgern, Berlin 1971.

Walz: Anmerkung zum Urteil des OLG Köln vom 19. 11. 1951, JZ 1952, 223.

Weber, Hermann: Beitragsrückgewähr nach irrtümlich angenommener Mitgliedschaft in Zwangsverbänden, JuS 1970, 169.

Weides, Peter: Verwaltungsakt und Widerspruchsbescheid in der öffentlich-rechtlichen Arbeit, JuS 1964, 314.

Wendt, Peter: Über die Rechtsnatur der Untersuchungsberichte des Luftfahrtbundesamtes, DÖV 1963, 89.
— Anmerkung zum Urteil des BVerwG vom 18. 4. 1969, DVBl. 1970, 502.

Wieczorek, Bernhard: Zivilprozeßordnung, 2. Auflage, Berlin 1977.

Wolff, Hans Julius: Verwaltungsrecht III, 2. Auflage, München 1967 (§§ 167 ff. aus der 2. Auflage, München 1967).

Wolff, Hans Julius / *Bachof,* Otto: Verwaltungsrecht I, 9. Auflage, München 1974.
— Verwaltungsrecht II, 4. Auflage, München 1976.
— Verwaltungsrecht III, 4. Auflage, München 1978.

Zeidler, Karl: Empfiehlt es sich, die bestehenden Grundsätze über Auskünfte und Zusagen in der öffentlichen Verwaltung beizubehalten?, Gutachten zum 44. Deutschen Juristentag, Band I, Teil 2, Tübingen 1962.

Zimmermann, H. W.: Probleme des Anwendungsbereiches der Anfechtungsklage, VerwArch. 62, 48.

Zschacke: Die verwaltungsgerichtliche Klage wegen Gewährung von Geldleistungen, NJW 1956, 729.

Printed by Libri Plureos GmbH
in Hamburg, Germany